Denkanstöße

SERIE PIPER

Zu diesem Buch

Mit »Denkanstöße 2004« legt der Piper Verlag den zwanzigsten Band dieser erfolgreichen Lesebuch-Folge vor. Zusammengestellt aus den neuen Sachbüchern und wissenschaftlichen Werken des Verlages, werden neue Erkenntnisse der verschiedensten thematischen Bereiche präsentiert. Das beliebte Jahrbuch gewährt fundiert und verständlich Einblick in aktuelle Themen und Diskussionen aus Wissenschaft und Gesellschaft. Mit Beiträgen zu Medizin, Philosophie, Theologie, Geschichte und Naturwissenschaften ist der Band auch der Spiegel eines äußerst vielseitigen Verlagsprogramms. Die Autoren sind Wissenschaftler, Künstler und Publizisten von Rang, darunter Hans Küng, Sir Karl R. Popper, Walter Krämer und Gilles Kepel.

Denkanstöße 2004

Ein Lesebuch aus Philosophie, Kultur und Wissenschaft

Herausgegeben von
Angela Hausner

Piper München Zürich

Originalausgabe
September 2003

Umschlag/Bildredaktion: Büro Hamburg
Isabel Bünermann, Julia Martinez/
Charlotte Wippermann, Kathrin Hilse
Foto Umschlagvorderseite: Michael Haegele/BRANSCH
Gesamtherstellung: Clausen & Bosse, Leck
Printed in Germany ISBN 3-492-23897-1

www.piper.de

INHALT

Vorwort

Denken ist anstrengend, Philosophie nur was für Gelehrte, Physik ziemlich rätselhaft, und Statistik versteht sowieso kein Mensch. Sagen die einen.

Stimmt nicht, sagen andere: Denken macht Spaß, Philosophie, das ist Lebenshilfe, ohne Physik geht gar nichts, und Statistik ist eine spannende Sache.

Für die meisten von uns liegt die Wahrheit wohl irgendwo zwischen diesen Positionen. In das weite Feld zwischen »Nix für mich« und »Nonplusultra« möchte Sie das vorliegende Buch führen.

Anhand von Auszügen aus Piper-Sachbüchern können Sie Hannah Arendt beim Denken zuschauen und Karl Popper beim Philosophieren. Richard Feynman erklärt, warum gerade die Physik grundlegend ist, während der Biologe Hubert Markl davor warnt, die Lebenswissenschaften auf Biologie zu reduzieren.

Augenzeugen berichten von den Kämpfen im Kessel von Stalingrad, andere beschreiben heutige Krisenregionen im Mittleren Osten. Schließlich rekapituliert Reinhold Messner die Besteigung seines ersten Achttausenders und durchlebt noch einmal Triumph und Tragödie am Nanga Parbat.

Wo immer Sie den Band aufschlagen und zu lesen beginnen – Sie werden ungewohnte Einblicke erhalten und interessante Gedanken entdecken. Dies auf unterhaltsame Art zu ermöglichen ist Sinn und Zweck der »Denkanstöße 2004«.

Angela Hausner

NACHDENKEN UND VERSTEHEN

– Philosophie, Politik, Religion –

Karl Popper
Wissenschaft als Wahrheitssuche

Wissen und Sprache

... Die Menschen sind fürchterlich suggestionsbedürftig, und das gefährliche Suggestionsbedürfnis der Menschen ist heute eines meiner Hauptthemen. Mein Thema ist groß. Ich habe hart, aber gern gearbeitet, um es so einfach wie möglich darzustellen. Ich fürchte, daß es mir nicht ganz gelungen ist, und ich bitte Sie um Ihre aktive Mitarbeit.

Aber ich bitte Sie auch: Lassen Sie sich nur *nichts* von mir suggerieren! Glauben Sie mir, bitte, kein Wort! Ich weiß, das ist zuviel verlangt, denn ich will ja nur die Wahrheit sagen, so gut ich sie kenne. Aber ich warne Sie: Ich weiß *nichts*; oder *fast nichts.* Wir alle wissen nichts oder fast nichts. Das ist, wie ich *vermute,* eine Grundtatsache unseres Lebens. Wir wissen nichts, wir können nur vermuten: Wir raten. Unser bestes Wissen ist das großartige naturwissenschaftliche Wissen, das wir in 2500 Jahren geschaffen haben. Aber die Naturwissenschaften bestehen eben nur aus Vermutungen, aus Hypothesen.

Im Griechischen, im Lateinischen, im Englischen und im Deutschen gibt es einen klaren Gegensatz zwischen

(1) *Wissen* # *Vermutung*
ich weiß # *ich vermute.*

Der Unterschied ist ganz einfach:

(2) Wissen impliziert *sichere Wahrheit*
also: *Wissen* impliziert *Sicherheit, Gewißheit.*

Daher kann man in diesen Sprachen nicht ernsthaft sagen:

»Ich *weiß,* daß heute Freitag ist, aber ich bin nicht ganz sicher.«

Die Antwort darauf wäre:

»Wenn du nicht ganz sicher bist, so *weißt* du es eben nicht, sondern du vermutest es nur.«

Meine erste These ist also:

(3) Das *sogenannte naturwissenschaftliche Wissen ist kein Wissen,* denn es besteht nur aus Vermutungen oder Hypothesen – wenn auch zum Teil aus Hypothesen, die durch ein Kreuzfeuer von genialen Überprüfungen hindurchgegangen sind. In Kürze:

(4) Wir wissen nicht, sondern wir raten. Obwohl *das naturwissenschaftliche Wissen* kein Wissen ist, ist es das beste, das wir auf diesem Gebiet haben. Ich nenne es Vermutungswissen – mehr oder weniger, um die Leute zu trösten, die sicheres Wissen wollen und glauben, es nicht entbehren zu können.

Das sind nämlich die gefährlich *suggestionsbedürftigen* Menschen, die Menschen, denen der *Mut* fehlt, *ohne Sicherheit, ohne Gewißheit, ohne Autorität, ohne einen Führer zu* leben. Man könnte vielleicht sagen: Es sind die Menschen, die im Kindesalter steckengeblieben sind.

Die anderen mögen Freunde brauchen, Vertraute; oder Menschen, zu denen man aufsieht, weil man in ihnen ein Vorbild sehen kann; oder vielleicht, weil sie Außerordentliches geleistet haben. Wenn sie einen Kranken betreuen, mögen sie oft nach einer Autorität – einer medizinischen Autorität – seufzen. Aber die gibt es nicht; denn Wissen – sicheres Wissen – ist ein leeres Wort.

Wissenschaft ist Wahrheitssuche. Aber Wahrheit ist nicht sichere Wahrheit.

(5) *Wahrheit* # *sichere Wahrheit*
Wahrheit # *Gewißheit.*

Was Wahrheit ist, weiß jeder. Es ist die Übereinstimmung eines Satzes mit jener Wirklichkeit, über die der Satz etwas aussagt:

(6) Wahrheit = Übereinstimmung mit der Wirklichkeit

oder vielleicht

Wahrheit = Übereinstimmung des ausgesagten Sachverhalts mit dem tatsächlichen Sachverhalt.

Aber Definitionen sind unwichtig. Und Wortklaubereien sind eine Pest.

(7) Wir können oft genug die Wahrheit sagen, die Wahrheit erreichen. Aber wir können nie Sicherheit erreichen. Denn wir wissen – in dem Sinn von Vermutungswissen –, daß es Menschen gibt, die sich einbilden, daß sie Einstein sind oder eine Wiedergeburt von Goethe. So sage ich vermutlich die Wahrheit, wenn ich sage, daß ich soeben einen Vortrag in Zürich halte. Aber nach meiner Erfahrung mit jenen Menschen kann ich nicht absolut sicher sein, daß ich nicht in einem fürchterlichen Irrtum befangen bin.

Doch nur absolute Sicherheit würde echtes Wissen bedeuten. Wir kommen, außer vielleicht mit Trivialitäten, nicht über Vermutungen hinaus – wenigstens nicht in den Naturwissenschaften. (Vielleicht steht es anders in der Mathematik oder in der Formalen Logik; aber darüber will ich heute nicht sprechen.)

Die Wissenschaft ist Wahrheitssuche, *nicht* Sicherheitssuche. Wie arbeitet sie?

(8) Der Wissenschaftler arbeitet, wie alle Organismen, mit der Methode von Versuch und Irrtum. Der Versuch ist eine *Problemlösung*. Der Irrtum, oder genauer die Irrtumskorrektur, ist in der Evolution des Pflanzen- oder Tierreichs gewöhnlich die Ausmerzung des Organismus; in der Wissenschaft die Ausmerzung der Hypothese oder der Theorie.

Der Prozeß ist also eine *Darwinsche Auslese*. Frage: Was entspricht im Tierreich dem sogenannten Wissen, also der Vermutung, der Hypothese? Antwort: die *Erwartung*. Genauer: ein Zustand des Organismus, in dem sich der Organismus auf eine Änderung in seiner Umwelt vorbereitet (oder auch darauf, daß sich nichts ändert). Wenn die Blumen kommen, so *erwarten* sie, in diesem Sinn, Frühlingswetter: Sie haben die Hypothese, die Theorie eingebaut, daß es wärmer wird. Oft genug ist die Theorie falsch, und die Blüten erfrieren.

(9) In diesem Sinn gibt es unendlich viel angeborenes Wissen in Pflanzen und Tieren. Ein Kind erwartet nach sei-

ner Geburt, gehegt und gestillt zu werden; und kurz nachher erwartet es, angelächelt zu werden. Es erwartet diese Dinge nicht nur, es braucht sie. Angeborene Bedürfnisse sind angeborene Theorien.

(10) Alle Organismen sind dauernd höchst aktiv. Sie erforschen aktiv ihre Umwelt, sie suchen nach besseren Lebensbedingungen, nach einer besseren Welt. Und sie selbst verbessern aktiv ihre Lebensbedingungen.

(11) Das Leben verbessert die Umwelt für das Leben. Es hat das seit Millionen von Jahren getan, und wir sind die glücklichen Erben.

Da dieser Prozeß durch Versuch und Irrtumselimination vor sich geht, gibt es auch viele Fehler in unserer Welt.

(12) Mit dem Leben entstehen Probleme; und Probleme gibt es nur, wenn es Werte gibt: Bewertungen, zum Beispiel von Lebensbedingungen.

Ich komme nun zum Schluß dessen, was ich hier über die Erkenntnistheorie und Wissenschaftstheorie ausführen möchte.

(13) Die Wissenschaft beginnt mit Problemen. Sie *versucht*, sie durch kühne, erfinderische Theorien zu lösen. Bei weitem die meisten Theorien sind falsch und/oder unüberprüfbar. Die wertvollen überprüfbaren Theorien werden nach Irrtümern abgesucht. Wir suchen, Irrtümer zu finden und zu eliminieren. So ist die Wissenschaft: Sie besteht aus wilden, oft unverantwortlichen Ideen, die sie unter eine scharfe Kontrolle der Fehlerkorrektur setzt.

Frage: Das ist ja ganz ähnlich wie bei der Amöbe oder ähnlichen niederen Organismen. Wo ist der Unterschied zwischen der Amöbe und Einstein? Antwort: Die Amöbe wird eliminiert, wenn sie Fehler *macht*. Falls sie Bewußtsein hat, wird sie sich vor Fehlern fürchten. Einstein *sucht* nach Fehlern. Er kann das, weil seine Theorie nicht ein Teil von ihm selbst ist, sondern weil sie ein Objekt ist, das er untersuchen und bewußt kritisieren kann. Er verdankt das der *spezifisch* menschlichen Sprache, und insbesondere auch ihrer Tochter, der menschlichen Schrift. Einstein sagte irgendwo: »Mein Bleistift ist gescheiter, als ich es bin.« Das, was ausgesprochen oder, noch besser, niedergeschrieben ist, ist ein Objekt geworden, das wir kritisieren können und dessen Fehler wir untersuchen können. So wird die sprachlich formulierte Theorie etwas Ähnliches, aber wiederum ganz anderes als die in den Organismen eingebauten tierischen oder pflanzlichen Erwartungen.

(14) Die Methode der Naturwissenschaft ist die bewußte Suche nach Fehlern und die Fehlerkorrektur durch bewußte Kritik. Diese Kritik sollte – im Idealfall – unpersönlich sein und sich nur auf die vorgelegten Theorien oder Hypothesen richten.

Damit beende ich meine Bemerkungen zur Erkenntnistheorie und wende mich der Theorie der tierischen und der spezifisch menschlichen Sprache zu. Es ist der zweite Teil meiner Vorlesung. Der dritte Teil ist dem Suggestionsbedürfnis gewidmet. [...]

Ich beginne mit einem Schema, das ich dem großen Psychologen Karl Bühler verdanke. Bühler unterscheidet drei Funktionen der Sprache. Die ersten beiden finden sich bei vielen Tieren und allen Menschen; die dritte nur beim Menschen.

Die niederste Funktion ist die Ausdrucksfunktion, die im Mienenspiel, in Schwanzbewegungen, in Schreien bestehen kann. Diese Ausdrucksbewegungen können als Symptom für den inneren Zustand des Organismus betrachtet werden.

(Nebenbemerkung: Die Materialisten und die Behavioristen haben das nicht gern. Sie wollen keinen inneren Zustand annehmen, sondern schlagen vor, sich auf das Verhalten, auf englisch »behaviour«, zu beschränken. Daß das ein Fehler ist, kann man aber sehr schnell zeigen. Ein Thermometer zeigt durch sein »behaviour« nicht nur die äußere Temperatur, sondern vor allem seinen inneren Zustand an: Die schwingenden Moleküle, deren Amplituden zunehmen, führen zur Verlängerung eines Metallstabes. Wenn die behavioristische Ideologie richtig wäre, dürften wir diese inneren Zustände nicht hereinbringen und zur Erklärung der Verlängerung des Stabes durch Erhitzung verwenden.)

Das Tier kann seinen Zustand durch sein Mienenspiel und Schwanzspiel ausdrücken, auch wenn kein anderes Tier da ist, um darauf zu reagieren. Wenn aber ein anderes Tier auf die Ausdrucksbewegung reagiert, dann wird sie zur Kundgabe. Die Kundgabe-Funktion, die nach Bühler die zweite Funktion ist, kann eine Signalfunktion werden, und wenn sie gegenseitig stattfindet, haben wir Kommunikation zwischen Tieren. Natürlich können das auch Menschen sein – zum Beispiel Kinder, bevor sie die menschliche Sprache erlernt haben; oder Menschen, die keine gemeinsame spezifisch menschliche Sprache haben, sich aber dennoch durch Mienen, durch Zeichen, durch Deuten verständigen wollen.

Bühlers dritte Funktion, die Darstellungsfunktion, ist der spezifisch menschlichen Sprache vorbehalten, in der es Sätze gibt, die Sachverhalte beschreiben oder, wie Bühler sagt, darstellen.

Eine These Bühlers ist, daß die höhere Funktion immer von der niedrigen begleitet wird. Wenn ein Vogel einen Warnruf ausstößt, so dient dieser Ruf nicht nur der sozialen Kommunikation, sondern er ist gleichzeitig auch Ausdruck eines inneren Zustandes. Je höher wir in den Funktionen der Sprache hinaufsteigen, um so komplexer wird die Sprache.

Ich möchte kurz darauf hindeuten, daß nur wenige Sprachtheoretiker so weit gegangen sind wie Bühler. Die meisten sprechen von Ausdruck, einige auch von sozialer Kommunikation (die natürlich sehr praktische Funktionen haben kann, wie das Beispiel der Warnrufe zeigt). Auch Befehle oder Aufforderungen gehören hierher. Aber die wenigsten haben gesehen, daß es für die menschliche Sprache und ihre Wunder entscheidend ist, daß sie Sachverhalte beschreiben kann und daß ein solcher beschreibender Satz wahr oder falsch sein kann. Erst durch diesen ungeheuren Schritt wird die Objektivierung des Gesagten möglich, so daß sachliche Kritik einsetzen kann. Kritik ist rationale Kritik nur dann, wenn es nur um die Wahrheit oder Falschheit von Sätzen oder Theorien geht.

Damit beende ich meine kurze Darstellung eines wichtigen Teils von Bühlers Theorie der Sprache.

Ich habe selbst noch einige Funktionen der Sprache zu denen Bühlers hinzugefügt, vor allem die *kritische Funktion*, das heißt, die kritische Diskussion über die Wahrheit oder Falschheit von Sätzen. Und ich habe auch ihre ungeheure Wichtigkeit schon betont, als ich davon sprach, wie Einstein sich von der Amöbe unterscheidet.

Auch habe ich schon oft betont, daß der *kritischen Stufe* des menschlichen Sprachgebrauchs aus logischen Gründen eine *dogmatische Stufe* vorangehen muß. Erst wenn ein Dogma als eine Art von Hintergrund etabliert ist, kann man beginnen zu kritisieren, und erst später kann das Dogma, der Hintergrund der kritischen Diskussion, selbst in die Kritik einbezogen werden. Man braucht zuerst einen festen Rahmen. Später kann man verschiedene solcher Rahmen konfrontieren und zur kritischen Diskussion der Rahmen fortschreiten.

Ich komme jetzt zum dritten Teil.

Ich beginne mit meiner 14. These:

(14) Die Tiersprachen, einschließlich der Menschensprachen, setzen sehr viele angeborene Bedürfnisse voraus; zum Beispiel das Bedürfnis, sich aktiv auszudrücken, das Bedürfnis, mit anderen in Kommunikation zu treten, und das Bedürfnis, auch in diesen Dingen durch Versuch und Irrtum zu lernen. Ohne solche angeborenen Bedürfnisse und ohne das aktive Lernen durch Versuch und Irrtum (das Herumrennen von jungen Katzen ist ein gutes Beispiel) wäre es für höhere Tiere nicht möglich zu überleben.

(15) Sowohl das angeborene Wissen der Tiere und Menschen wie auch das durch aktives Lernen erworbene Wissen

besteht aus *Erwartungen.* Unerfüllte Erwartungen werden als Schwierigkeiten, als Probleme erlebt, die zu Versuchen führen, also wieder zum aktiven Lernen – zum Forschen.

(16) Das aktive Lernen sowohl der Tiersprache wie auch der Menschensprache setzt einen sehr hohen Grad von Suggestivität voraus. Nachahmungsfähigkeit genügt *nicht.* Es handelt sich auch um mehr als um Nachahmung zusammen mit Einfühlung, obwohl das der Sache schon näher kommt. Es handelt sich um ein angeborenes, tiefes Bedürfnis, mit den Wünschen und Bewertungen der kommunizierenden Artgenossen übereinzustimmen. Nur so kann man die Massenwanderungen der Heringe oder das Schwärmen der Bienen oder auch nur einen Mückenschwarm erklären. Und wir wissen (im Sinne von Vermutungswissen), wie suggestionsanfällig gewisse Tiere sind. Ein Huhn kann mit einem Kreidestrich hypnotisiert werden.

(17) Die menschlichen Sprachen beruhen auf angeborenen Bedürfnissen, eine Sprache zu lernen, zu sprechen, darzustellen, mitzuteilen. Alles das beruht zum großen Teil auf einem angeborenen, spezifisch mit der Sprache verbundenen Suggestionsbedürfnis.

(18) Dies ist auf das engste verknüpft mit dem starken Bedürfnis, unsere Umwelt zu entdecken, über sie zu lernen, also *zu wissen.* So kommt es in den Menschenverbänden zu Mythen, zu Medizinmännern, zu Priestern. Und so kommt es zu einem inneren Konflikt, der das alles verstärken kann: zu dem nicht eingestandenen Gefühl dafür, daß wir ja in Wirklichkeit nichts oder nur sehr wenig wissen. Da das Bedürfnis nach Sicherheit – oder nach Sicherung durch die Kameraden, die Helfer – stark ist, wird das Bedürfnis stark sein, ein *gemeinsames Dogma* zu haben und sich gegenseitig die Wahrheit dieses Dogmas zu suggerieren. Es ist ein Bedürfnis nach Suggestion, ein Suggestionsbedürfnis. Die Unsicherheit wird gefürchtet, und das Dogma wird zum fanatischen Glauben.

So kam es zur Kriegspsychose, zur Kriegsbegeisterung am Anfang des Ersten Weltkriegs.

Wie ich die Philosophie nicht sehe

Ich will jetzt eine Liste von neun Auffassungen von der Philosophie und von Tätigkeiten aufstellen, die häufig als charakteristisch für die Philosophie angesehen werden, meiner Ansicht nach aber unbefriedigend sind. Für diesen Abschnitt möchte ich den Titel wählen: »Wie ich die Philosophie *nicht* sehe.«

Erstens: Die Aufgabe der Philosophie ist nicht das Auflösen von Mißverständnissen, obwohl solche Auflösungen manchmal notwendige Vorarbeiten sein können.

Zweitens: Ich halte die Philosophie nicht für eine Galerie von Kunstwerken, von verblüffenden und originellen Weltbildern oder von klugen und ungewöhnlichen Beschreibungen der Welt. Ich glaube, wir tun den großen Philosophen schweres Unrecht, wenn wir die Philosophie so verstehen.

Die großen Philosophen verfolgten nicht rein ästhetische Ziele. Sie wollten nicht Baumeister scharfsinniger Systeme sein. Sie waren vor allem Wahrheitssucher, ebenso wie die großen Wissenschaftler. Sie suchten nach Lösungen von echten Problemen. Ich sehe die Geschichte der großen Philosophien ganz wesentlich als einen Teil der Geschichte der Wahrheitssuche, und ich lehne ihre rein ästhetische Beurteilung ab, obwohl ich zugebe, daß Schönheit in der Philosophie wie in der Wissenschaft von großer Bedeutung ist.

Ich bin sehr für intellektuellen Wagemut. Wir können nicht intellektuelle Feiglinge und Wahrheitssucher zugleich sein. Wer die Wahrheit sucht, muß es wagen, weise zu sein: *Sapere aude!* Er muß es wagen, ein Revolutionär auf dem Gebiete des Denkens zu sein.

Drittens: Ich betrachte die Geschichte der philosophischen Systeme nicht als eine Geschichte von intellektuellen Bauwerken, an denen alle möglichen Ideen ausprobiert werden und in denen die Wahrheit vielleicht als ein Nebenprodukt zum Vorschein kommt. Ich glaube, wir tun den wahrhaft großen Philosophen der Vergangenheit unrecht, wenn wir auch nur einen Moment lang daran zweifeln, daß jeder von ihnen sein System aufgegeben hätte, wenn er sich davon überzeugt hätte, daß es vielleicht brillant sei, aber keinen Schritt in der Richtung auf die Wahrheit hin darstellte. (Das ist übrigens der Grund, warum ich Fichte oder Hegel nicht für große Philosophen halte: ich mißtraue ihrer Wahrheitsliebe.)

Viertens: Ich halte die Philosophie nicht für einen Versuch zur Analyse oder »Explikation« von Begriffen, Worten oder Sprachen.

Begriffe oder Worte sind bloß Werkzeuge zur Formulierung von Aussagen, Annahmen oder Theorien. Begriffe oder Worte als solche können weder wahr noch falsch sein. Sie dienen nur der beschreibenden und begründenden menschlichen Sprache. Es sollte nicht unser Ziel sein, *Bedeutungen* zu analysieren, sondern nach interessanten und *bedeutsamen Wahrheiten* zu suchen; das heißt, nach *wahren Theorien.*

Fünftens: Ich halte die Philosophie nicht für ein Mittel zu zeigen, wie gescheit man ist.

Sechstens: Ich halte die Philosophie nicht für eine Intellektuelle Therapie (wie Wittgenstein), für eine Tätigkeit, durch die man die Leute aus ihren philosophischen Verwirrungen befreit. Meiner Ansicht nach hat Wittgenstein – in seinem späteren Werk – nicht der Fliege den Weg aus der Flasche gezeigt (wie er hoffte). Vielmehr halte ich die Fliege, die nicht aus der Flasche kann, für ein treffendes Selbstporträt Wittgensteins. (Wittgenstein war offenbar ein wittgensteinischer Fall, so wie Freud ein freudischer Fall und Adler ein adlerischer Fall war.)

Siebtens: Ich sehe in der Philosophie nicht das Bestreben, sich präziser oder exakter auszudrücken. Präzision und Exaktheit sind keine intellektuellen Werte an sich, und wir sollten nie versuchen, präziser und exakter zu sein, als es das vorliegende Problem erfordert.

Achtens: Daher halte ich die Philosophie nicht für das Bemühen, die Grundlagen oder den begrifflichen Rahmen zur Lösung von Problemen zu liefern, die in der näheren oder ferneren Zukunft auftreten mögen. Das tat John Locke; er wollte einen Essay über Ethik schreiben, und dazu hielt er es für nötig, begriffliche Vorarbeiten zu leisten. Sein »Essay« besteht aus diesen Vorarbeiten; und die englische Philosophie ist seitdem mit wenigen Ausnahmen – etwa einigen der politischen Essays von Locke und Hume – in diesen Vorarbeiten steckengeblieben.

Neuntens: Ich verstehe die Philosophie auch nicht als Ausdruck des Zeitgeistes. Das ist eine Hegelsche Idee, die der Kritik nicht standhält. Es gibt allerdings Moden in der Philosophie wie in der Wissenschaft. Aber wer ernsthaft nach der Wahrheit sucht, wird nicht der Mode folgen, er wird vielmehr den Moden mißtrauen und sie sogar bekämpfen.

Die Verantwortung der Intellektuellen

Wir haben also vier Gründe, die zeigen, daß auch heute die Sokratische Einsicht »Ich weiß, daß ich nichts weiß, und kaum das« hochaktuell ist – vielleicht noch aktueller als zur Zeit des Sokrates. Und wir haben Grund, zur Verteidigung der Toleranz aus dieser Einsicht jene ethischen Konsequenzen zu ziehen, die von Erasmus, Montaigne, Voltaire und später von Lessing gezogen wurden. Und noch weitere Konsequenzen.

Die Prinzipien, die jeder rationalen Diskussion zugrunde liegen, das heißt jeder Diskussion im Dienste der Wahrheitssuche, sind recht eigentlich *ethische* Prinzipien. Ich möchte drei solche Prinzipien angeben.

1. Das Prinzip der Fehlbarkeit: Vielleicht habe ich unrecht, und vielleicht hast du recht. Aber wir können auch beide unrecht haben.

2. Das Prinzip der vernünftigen Diskussion: Wir wollen versuchen, möglichst unpersönlich unsere Gründe für und wider eine bestimmte, kritisierbare Theorie abzuwägen.

3. Das Prinzip der Annäherung an die Wahrheit. Durch eine sachliche Diskussion kommen wir fast immer der Wahrheit näher; und wir kommen zu einem besseren Verständnis; auch dann, wenn wir nicht zu einer Einigung kommen.

Es ist bemerkenswert, daß alle drei Prinzipien erkenntnistheoretische und gleichzeitig ethische Prinzipien sind. Denn sie implizieren unter anderem Duldsamkeit, Toleranz: Wenn ich von dir lernen kann und im Interesse der Wahrheitssuche lernen will, dann muß ich dich nicht nur dulden, sondern als potentiell gleichberechtigt anerkennen; die potentielle Einheit und Gleichberechtigung aller Menschen sind eine Voraussetzung unserer Bereitschaft, rational zu diskutieren. Wichtig ist auch das Prinzip, daß wir von einer Diskussion viel lernen können; auch dann, wenn sie nicht zu einer Einigung führt. Denn die Diskussion kann uns lehren, einige der Schwächen unserer Position zu verstehen.

Es liegen also der Naturwissenschaft ethische Prinzipien zugrunde. Die Idee der Wahrheit als das grundlegende regulative Prinzip ist ein solches ethisches Prinzip.

Die Wahrheitssuche und die Idee der Annäherung an die Wahrheit sind weitere ethische Prinzipien; ebenso auch die Idee der intellektuellen Redlichkeit und die der Fehlbarkeit, die uns zur selbstkritischen Haltung und zur Toleranz führt.

Sehr wichtig ist auch, daß wir im Gebiet der Ethik *lernen* können.

Das möchte ich noch am Beispiel der Ethik für die Intellektuellen aufzeigen, insbesondere der Ethik für die intellektuellen Berufe: der Ethik für die Wissenschaftler, für die Mediziner, Juristen, Ingenieure, Architekten; für die öffentlichen Beamten und, sehr wichtig, für die Politiker.

Ich möchte Ihnen einige Sätze für *eine neue Berufsethik* unterbreiten, Sätze, die mit den Ideen der Toleranz und der intellektuellen Redlichkeit eng zusammenhängen.

Zu diesem Zweck werde ich zuerst die alte Berufsethik charakterisieren und vielleicht auch ein klein wenig karikieren, um sie dann mit der neuen Berufsethik, die ich vorschlage, zu vergleichen.

Beiden, der *alten* und der *neuen* Berufsethik, liegen, zugegebenermaßen, die Ideen der Wahrheit, der Rationalität und der intellektuellen Verantwortlichkeit zugrunde. Aber die alte Ethik war auf die Idee des persönlichen Wissens und des sicheren Wissens gegründet und damit auf die Idee der *Autorität*; während die neue Ethik auf die Idee des objektiven Wissens und des unsicheren Wissens gegründet ist. Dadurch ändert sich die unterliegende Denkweise grundlegend, und damit auch die *Rolle* der Ideen der Wahrheit, der Rationalität und der intellektuellen Redlichkeit und Verantwortlichkeit.

Das alte Ideal war, Wahrheit und Sicherheit zu *besitzen*, und die Wahrheit, wenn möglich, durch einen logischen Beweis zu *sichern*.

Diesem auch heute noch weitgehend akzeptierten Ideal entspricht das persönliche Ideal des Weisen – natürlich nicht im Sokratischen Sinn, sondern das Platonische Ideal des Wissenden, der eine Autorität ist; des Philosophen, der gleichzeitig ein königlicher Herrscher ist.

Der alte Imperativ für den Intellektuellen ist: Sei eine Autorität! Wisse alles in deinem Gebiet!

Wenn du einmal als Autorität anerkannt bist, dann wird deine Autorität von deinen Kollegen beschützt werden, und du mußt natürlich die Autorität deiner Kollegen beschützen.

Die alte Ethik, die ich beschreibe, verbietet es, Fehler zu

machen. Ein Fehler ist absolut unerlaubt. Daher dürfen Fehler nicht zugegeben werden. Ich brauche nicht zu betonen, daß diese alte professionelle Ethik intolerant ist. Und sie war auch immer schon intellektuell unredlich: Sie führt zum Vertuschen der Fehler um der Autorität willen; insbesondere auch in der Medizin.

Ich schlage deshalb eine *neue* Berufsethik vor; vor allem, aber nicht nur, für Naturwissenschaftler. Ich schlage vor, sie auf folgende zwölf Prinzipien zu gründen, mit denen ich schließe.

1. Unser objektives Vermutungswissen geht immer weiter über das hinaus, was *ein* Mensch meistern kann. Es *gibt daher keine Autoritäten.* Das gilt auch innerhalb von Spezialfächern.

2. *Es ist unmöglich, alle Fehler zu vermeiden* oder auch nur alle an sich vermeidbaren Fehler. Fehler werden dauernd von allen Wissenschaftlern gemacht. Die alte Idee, daß man Fehler vermeiden kann und daher verpflichtet ist, sie zu vermeiden, muß revidiert werden: Sie selbst ist fehlerhaft.

3. *Natürlich bleibt es unsere Aufgabe, Fehler nach Möglichkeit zu vermeiden.* Aber gerade um sie zu vermeiden, müssen wir uns vor allem klar darüber werden, wie schwer es ist, sie zu vermeiden, und daß es niemandem völlig gelingt. Es gelingt auch nicht den schöpferischen Wissenschaftlern, die von ihrer Intuition geleitet werden: Die Intuition kann uns auch irreführen.

4. Auch in den am besten bewährten unter unseren Theorien können Fehler verborgen sein; und es ist die spezifische Aufgabe des Wissenschaftlers, nach solchen Fehlern zu suchen. Die Feststellung, daß eine gut bewährte Theorie oder ein viel verwendetes praktisches Verfahren fehlerhaft ist, kann eine wichtige Entdeckung sein.

5. *Wir müssen deshalb unsere Einstellung zu unseren Fehlern ändern.* Es ist *hier*, wo unsere praktische ethische Reform beginnen muß. Denn die alte berufsethische Einstellung führt dazu, unsere Fehler zu vertuschen, zu verheimlichen und so schnell wie möglich zu vergessen.

6. Das neue Grundgesetz ist, daß wir, um zu lernen, Fehler möglichst zu vermeiden, *gerade von unseren Fehlern lernen* müssen. Fehler zu vertuschen ist deshalb die größte intellektuelle Sünde.

7. Wir müssen daher dauernd nach unseren Fehlern Ausschau halten. Wenn wir sie finden, müssen wir sie uns einprägen; sie nach allen Seiten analysieren, um ihnen auf den Grund zu gehen.

8. Die selbstkritische Haltung und die Aufrichtigkeit werden damit zur Pflicht.

9. Da wir von unseren Fehlern lernen müssen, so müssen wir es auch lernen, es anzunehmen, ja, *dankbar* anzunehmen, wenn andere uns auf unsere Fehler aufmerksam machen. Wenn wir andere auf ihre Fehler aufmerksam machen, so sollen wir uns immer daran erinnern, daß wir selbst ähnliche Fehler gemacht haben wie sie. Und wir sollen uns daran erinnern, daß die größten Wissenschaftler Fehler gemacht haben. Ich will sicher nicht sagen, daß unsere Fehler gewöhnlich entschuldbar sind: Wir dürfen in unserer Wachsamkeit nicht nachlassen. Aber es ist menschlich unvermeidbar, immer wieder Fehler zu machen.

10. Wir müssen uns klarwerden, *daß wir andere Menschen zur Entdeckung und Korrektur von Fehlern brauchen (und sie uns)*; insbesondere auch Menschen, die mit anderen Ideen in einer anderen Atmosphäre aufgewachsen sind. Auch das führt zur Toleranz.

11. Wir müssen lernen, daß Selbstkritik die beste Kritik ist; daß aber die *Kritik durch andere eine Notwendigkeit* ist. Sie ist fast ebensogut wie die Selbstkritik.

12. Rationale Kritik muß immer spezifisch sein: Sie muß spezifische Gründe angeben, warum spezifische Aussagen, spezifische Hypothesen falsch zu sein scheinen oder spezifische Argumente ungültig. Sie muß von der Idee geleitet sein, der objektiven Wahrheit näher zu kommen. Sie muß in diesem Sinne unpersönlich sein.

Ich bitte Sie, meine Formulierungen als Vorschläge zu betrachten. Sie sollen zeigen, daß man, auch im ethischen Gebiet, diskutierbare und verbesserbare Vorschläge machen kann.

Hannah Arendt
Denktagebuch

August 1950

Was ist Politik?

1. Politik beruht auf der Tatsache der Pluralität der Menschen. Gott hat den Menschen geschaffen, die Menschen sind ein menschliches, irdisches Produkt, das Produkt der menschlichen Natur. Da die Philosophie und die Theologie sich immer mit dem Menschen beschäftigen, da alle ihre Aussagen richtig wären, auch wenn es entweder nur Einen Menschen oder nur Zwei Menschen oder nur identische Menschen gäbe, haben sie keine philosophisch gültige Antwort auf die Frage: Was ist Politik? gefunden. Schlimmer noch: Für alles wissenschaftliche Denken gibt es nur den Menschen – in der Biologie oder der Psychologie wie in der Philosophie und der Theologie, so wie es für die Zoologie nur den Löwen gibt. Die Löwen wären eine Angelegenheit, die nur die Löwen etwas anginge.

Auffallend ist der Rangunterschied zwischen den politischen Philosophien und den übrigen Werken bei allen großen Denkern – selbst bei Plato. Die Politik erreicht nie die gleiche Tiefe. Der fehlende Tiefsinn ist ja nichts anderes als der fehlende Sinn für die Tiefe, der in der Politik verankert ist.

2. Politik handelt von dem Zusammen- und Miteinandersein der Verschiedenen. Politisch organisieren sich die Menschen nach bestimmten wesentlichen Gemeinsamkeiten in einem absoluten Chaos oder aus einem absoluten Chaos der Differenzen. Solange man politische Körper auf der Familie aufbaut und im Bild der Familie versteht, gilt Verwandtschaft in ihren Graden als das, einerseits, was die Verschiedensten verbinden kann, und als das, andererseits, wodurch wieder individuen-ähnliche Gebilde sich von- und gegeneinander absetzen.

In dieser Organisationsform ist die ursprüngliche Verschiedenheit ebenso wirksam ausgelöscht, wie die essentielle Gleichheit aller Menschen, sofern es sich um den Menschen handelt, zerstört ist. Der Ruin der Politik nach beiden Seiten entsteht aus der Entwicklung politischer Körper aus der Familie. Hier ist bereits angedeutet, was im Bild von der Heiligen Familie symbolhaft wird, daß man der Meinung ist, Gott habe nicht sowohl den Menschen als [vielmehr] die Familie geschaffen.

3. Insofern man in der Familie mehr sieht als die Teilnahme, d. h. die aktive Teilnahme an der Pluralität, beginnt man, Gott zu spielen, nämlich so zu tun, als ob man naturaliter aus dem Prinzip der Verschiedenheit herauskommen könne. Anstatt einen Menschen zu zeugen, versucht man, im Ebenbilde seiner selbst den Menschen zu schaffen.

Praktisch-politisch gesprochen aber gewinnt die Familie ihre eingefleischte Bedeutung dadurch, daß die Welt so organisiert ist, daß in ihr für den einzelnen, und das heißt für den Verschiedensten, kein Unterkommen ist. Familien werden gegründet als Unterkünfte und feste Burgen in einer unwirtlichen, fremdartigen Welt, in die man Verwandtschaft tragen möchte. Dies Begehren führt zu der grundsätzlichen Perversion des Politischen, weil es die Grundqualität der Pluralität aufhebt oder vielmehr verwirkt durch die Einführung des Begriffes Verwandtschaft.

4. Der Mensch, wie ihn Philosophie und Theologie kennen, existiert – oder wird realisiert – in der Politik nur in den gleichen Rechten, die die Verschiedensten sich garantieren. In dieser freiwilligen Garantie und Zubilligung eines juristisch gleichen Anspruchs wird anerkannt, daß die Pluralität der Menschen, die ihre Pluralität sich selber danken, ihre Existenz der Schöpfung des Menschen verdankt.

5. Die Philosophie hat zwei gute Gründe, niemals auch nur den Ort zu finden, an dem Politik entsteht. Der erste ist:

1) Ζῷον πολιτικόν: als ob es im Menschen etwas Politisches gäbe, das zu seiner Essenz gehöre. Dies gerade stimmt nicht; der Mensch ist a-politisch. Politik entsteht in dem

Zwischen-den-Menschen, also durchaus außerhalb des Menschen. Es gibt daher keine eigentlich politische Substanz. Politik entsteht im Zwischen und etabliert sich als der Bezug. Dies hat Hobbes verstanden.

2) Die monotheistische Gottesvorstellung – [des Gottes], in dessen Ebenbild der Mensch geschaffen sein soll. Von dorther kann es allerdings nur den Menschen geben, die Menschen werden zu einer mehr oder minder geglückten Wiederholung des Selben. Der im Ebenbild der Einsamkeit Gottes erschaffene Mensch liegt dem Hobbesschen »state of nature as a war of all against all« zugrunde. Es ist der Krieg der Rebellion eines jeden gegen alle andern, die gehaßt werden, weil sie sinnlos existieren – sinnlos für den im Ebenbilde der Einsamkeit Gottes erschaffenen Menschen.

Der abendländische Ausweg aus dieser Unmöglichkeit der Politik innerhalb des abendländischen Schöpfungsmythos ist die Verwandlung oder die Ersetzung der Politik durch Geschichte. Durch die Vorstellung einer Weltgeschichte wird die Vielheit der Menschen in ein Menschenindividuum zusammengeschmolzen, das man dann auch noch Menschheit nennt. Daher das Monströse und Unmenschliche der Geschichte, das sich erst an ihrem Ende voll und brutal in der Politik selbst durchsetzt.

6. Es ist so schwer zu realisieren [sich vorzustellen], daß wir in einem Bezirk wirklich frei sein sollen, nämlich weder getrieben von uns selbst noch abhängig von gegebenem Material. Freiheit gibt es nur in dem eigentümlichen Zwischen-Bereich der Politik. Vor dieser Freiheit retten wir uns in die »Notwendigkeit« der Geschichte. Eine abscheuliche Absurdität.

7. Es könnte sein, daß es die Aufgabe der Politik ist, eine Welt herzustellen, die für Wahrheit so transparent ist wie die Schöpfung Gottes. Im Sinne des jüdisch-christlichen Mythos würde das heißen: Der Mensch, geschaffen im Ebenbilde Gottes, hat Zeugungskraft erhalten, um die Menschen im Ebenbilde der göttlichen Schöpfung zu organisieren. Dies ist wahrscheinlich Unsinn. Aber es wäre die einzig mögliche

Demonstration und Rechtfertigung des Naturgesetz-Denkens.

In der absoluten Verschiedenheit aller Menschen voneinander, die größer ist als die relative Verschiedenheit von Völkern, Nationen oder Rassen, ist in der Pluralität die Schöpfung des Menschen durch Gott enthalten. Hiermit aber hat Politik gerade nichts zu schaffen. Politik organisiert ja von vornherein die absolut Verschiedenen im Hinblick auf relative Gleichheit und im Unterschied zu relativ Verschiedenen.

≈

Oktober 1950

Pluralität: Ganz voneinander zu scheiden ist 1. die Tatsache der Pluralität der Menschen und Völker und ihre grundsätzliche Ungleichheit – ohne diese reine Vielheit gäbe es keine Politik, ohne diese grundsätzliche Ungleichheit bedürfte es keiner Gesetze; und 2. die Tatsache, daß »Liebe die Liebe braucht« d. h. daß kein Mensch allein existieren kann, ausgedrückt in der Zweigeschlechtlichkeit. Hier sucht (oder bedarf) der Eine des Zweiten (und es entspringt der Dritte); in der Vielheit, umgekehrt, hat der Eine immer schon zu rechnen mit und ist angewiesen auf – nicht einen Zweiten –, sondern Andere. Im Falle der Liebe sucht er das ihm Gemäße, im Falle der Vielheit hat er zu rechnen mit den »Ungemäßen«, Fremden, Verschiedenen. Die fundamentale Differenz zwischen dem Brauchen, das aus der Zweigeschlechtlichkeit entspringt oder wenigstens in ihr vorgezeichnet ist, und dem Aufeinanderangewiesensein, das in der Vielheit liegt.

Wo immer (und das heißt überall in der abendländischen Tradition) man die Familie als die Urform der menschlichen politischen Gemeinschaft setzt, hat man diese beiden Sachen identifiziert. Und daraus entspringt dann der ganze Höllenspektakel – d. h. die gleichzeitige Perversion der politischen Verhältnisse und der »Liebes«- und Familienverhältnisse.

Zum Unterschied zwischen Brauchen und Aufeinanderangewiesensein: In der Familie brauchen die Kinder die Eltern, welche verantwortlich sind ohne alle Gegenleistung. Die Forderung, die Kinder sollen für die Eltern im Alter sorgen, ist bereits ein politisches und moralisches Gesetz, hat nichts mit der Familie als solcher zu tun. Die politische Gemeinschaft hat bestimmte ihrer Pflichten auf die Familie geschoben. In der politischen Gemeinschaft ist alles gegenseitig – »mutual«. Ich bin angewiesen und verantwortlich in dem Maße, als andere auf mich angewiesen und für mich verantwortlich sind. Dies allein ist die »Gleichheit« des Gesetzes, die nichts mit der faktischen Ungleichheit der Menschen zu tun hat, an die das Gesetz gar nicht rührt. Es handelt sich auch nicht um: jedem das wahrhaft Seine zu geben. Dies gerade ist unentscheidbar – die Grenze der menschlichen Gerechtigkeit, [es] basiert auf der absoluten Unerforschbarkeit des menschlichen Herzens. Das Gesetz ist der Ausdruck der Gegenseitigkeit – des Aufeinanderangewiesen- und Füreinander-verantwortlich-Seins – es ist das, was wir uns gegenseitig garantieren.

*

Treue: »true«: wahr und treu. Als wäre das, dem man die Treue nicht halten kann, auch nie wahr gewesen. Daher das große Verbrechen der Untreue, wenn sie nicht gleichsam unschuldige Untreue ist; man mordet das Wahr-Gewesene, schafft das, was man selbst mit in die Welt gebracht hat, wieder ab, wirkliche Vernichtung, weil wir in der Treue und nur in ihr Herr unserer Vergangenheit sind: Ihr Bestand hängt von uns ab. So wie es von uns abhängt, ob Wahrheit in der Welt ist oder nicht. Wenn es die Möglichkeit der Wahrheit und des Wahr-gewesen-Seins nicht gäbe, wäre Treue Starrköpfigkeit; wenn es Treue nicht gäbe, wäre die Wahrheit ohne Bestand, ganz und gar wesenlos.

Gerade wegen dieses Zusammenhangs zwischen Treue und Wahrheit gilt es, aus dem Begriff der Treue alle Starrköpfigkeit, das Sich-Versteifen zu eliminieren. Die Perversion der Treue ist die Eifersucht. Ihr Gegensatz ist nicht die Untreue im gewöhnlichen Verstande – diese liegt vielmehr im Weiter des Lebens und der Lebendigkeit vorgezeichnet –, sondern nur das Vergessen. Die einzige wirkliche Sünde, weil sie Wahrheit, gewesene Wahrheit, auslöscht. Die Art Treue, deren Gegensatz Untreue ist, ist die Perversion, die versucht, die Lebendigkeit aus der Welt zu schaffen. Versteinerung; ihre Konsequenz ist Eifersucht, nämlich einfach Wut, daß anderswo und bei einem anderen das Leben weitergeht.

*

<u>Wurzellosigkeit:</u> Die Präzision des Bildes: Die Einen, die Verjagten, ließen meist ihre Wurzeln zurück, sind gleichsam abgerissen, also wurzellos im exakten Sinne von ohne Wurzeln. Für die, denen es gelang, ihre Wurzeln mitzunehmen, sind diese nun ohne den Boden, in dem sie wurzelten, nicht mehr tragfähig, und sie haben sie sich darum gleichsam an den Schuhsohlen abgelaufen. Den anderen, die zu Hause bleiben durften, ist der Grund und Boden, in dem sie wurzelten, unter den Füßen weggespült worden, ihre Wurzeln liegen bestenfalls offen zutage und werden doppelt verzehrt: durch Verkümmerung beraubt des nährenden Bodens und durch die Helle der Sichtbarkeit selbst, durch den Mangel an schützendem Dunkel, durch die Zerstörung des Geheimnisses gleichsam.

≈

November 1950

<u>Pluralität der Sprachen:</u> Gäbe es nur eine Sprache, so wären wir vielleicht des Wesens der Dinge sicher.

Entscheidend ist 1. daß es viele Sprachen gibt und daß sie sich nicht nur im Vokabular, sondern auch in der Grammatik, also der Denkweise überhaupt unterscheiden und 2. daß alle Sprachen erlernbar sind.

Dadurch, daß der Gegenstand, der für das tragende Präsentieren von Dingen da ist, sowohl Tisch wie »table« heißen kann, ist angedeutet, daß uns etwas vom wahren Wesen des von uns selbst Hergestellten und Benannten entgeht. Nicht die Sinne und die in ihnen liegenden Täuschungsmöglichkeiten machen die Welt unsicher, auch nicht einmal die ausgedachte Möglichkeit oder erlebte Panik, daß alles nur ein Traum sein könnte, sondern die Vieldeutigkeit, die mit der Sprache und vor allem mit den Sprachen gegeben ist. Innerhalb einer homogenen Menschengemeinschaft wird das Wesen des Tisches durch das Wort Tisch vereindeutigt, um doch gleich an der Grenze der Gemeinschaft ins Schwanken zu geraten.

Diese schwankende Vieldeutigkeit der Welt und die Unsicherheit des Menschen in ihr würde natürlich nicht existieren, wenn es nicht die Möglichkeit der Erlernbarkeit der fremden Sprache gäbe, die uns beweist, daß es noch andere »Entsprechungen« zur gemeinsam-identischen Welt gibt als die unsere, oder wenn es gar nur eine Sprache gäbe. Daher der Unsinn der Weltsprache – gegen die »condition humaine«, die künstlich gewaltsame Vereindeutigung des Vieldeutigen.

≈

Dezember 1950

Die Metaphern und die Wahrheit:
In nichts offenbart sich die eigentümliche Vieldeutigkeit der Sprache – in der allein wir Wahrheit haben und sagen können, durch die allein wir aktiv Wahrheit aus der Welt schaffen können und die in ihrer notwendigen Abgeschliffenheit uns immer im Weg ist, die Wahrheit zu finden – deutlicher als in der Metapher. So habe ich zum Beispiel ein Leben lang die Metapher »es öffnet sich mir das Herz« benutzt, ohne je

die dazu gehörende physische Sensation erfahren zu haben. Erst seit ich die physische Sensation kenne, weiß ich, wie oft ich gelogen habe, so wie junge Männer ahnungslos lügen, wenn sie den Mädchen sagen: Ich liebe dich. – Wie aber hätte ich je die Wahrheit der physischen Sensation erfahren, wenn die Sprache mit ihrer Metapher mir nicht bereits eine Ahnung von der Bedeutsamkeit des Vorgangs gegeben hätte?

*

Mittel-Zweck-Kategorie in der Politik:
Die gesamte vom Menschen hergestellte Welt ist wirklich eine Zweckwelt, und alle Dinge sind in der Tat Mittel, deren letzter Zweck der Mensch ist: Nägel und Hammer sind Mittel für den Hausbau, das Haus ist zum Zwecke der Behausung des Menschen. Der Tisch ist ein Mittel für das Abstellen, das für den Menschen notwendig ist, usw. Die Welt der Dinge ist eine Welt der Mittel, deren Zweck der Mensch ist, und in jedem ihrer Teile herrscht daher die Mittel-Zweck-Kategorie, von der alles Herstellen beherrscht ist. Die Darwinistische Evolutionstheorie, wo eigentlich die gesamte Natur auf den Zweck Mensch ausgerichtet erscheint, ist eine Übertragung dieser Ding-Kategorien auf die Natur.

Das Wesentliche ist, daß diese ganze Kategorie völlig hinfällig wird, wenn wir an dem Zweck der Dingwelt: dem Menschen, angelangt sind. Kants Definition vom Zwecke an sich ist nur ein Symptom 1. von der Unzulänglichkeit der Kategorie und 2. von der Hilflosigkeit des abendländischen Denkens, wenn es gilt, außerhalb dieser Kategorie zu denken. Entscheidend ist, das Haus ist ein Mittel zum Wohnen des Menschen, der Tisch ein Mittel, ihm freie Bewegung zu verschaffen, und alle Dinge zusammen Mittel zum Leben, aber Wohnen, freie Bewegung, Leben haben keinen Zweck mehr.

In der Dingwelt sind Zwecke auch niemals eindeutig: Wenn ich einen Nagel in die Wand schlage, um ein Bild aufzuhängen, habe ich auch vielleicht den Nagel eingeschlagen, an dem sich jemand aufhängen kann. Ich bin nie absoluter Herr der Zwecke; aber was sich ändert, sind nur die Zwecke, das Einschlagen und der Nagel selbst bleiben Mittel. Dies hatte Kant im Auge, wenn er meinte, daß wir immer in eine wesentlich unserem (sittlichen) Vorhaben heterogene Welt hineinhandeln.

Handeln aber ist etwas wesentlich anderes als das Herstellen in der Zweckwelt der Dinge: Wenn ich zum Beispiel jemanden verrate, um einer sogenannten guten Sache zu helfen, so steht die Frage nicht mehr, ob sich vielleicht die gute Sache im Handumdrehen in eine schlechte verwandelt, sondern lediglich die Tatsache, daß ich Verrat in die Welt menschlichen Handelns gebracht habe. Hier wird das »Mittel« nicht nur gelegentlich stärker als der »Zweck«, sondern die sogenannten Mittel sind immer das einzige, was zählt, der Zweck wird immer zum illusionären Vorhaben, und zwar deshalb, weil ja das unmittelbare, greifbare Handeln sofort da ist, so daß sich die Welt prinzipiell geändert hat, bevor der Zweck erreicht ist, und zwar so geändert, daß der Zweck unter Umständen gar nicht mehr sinnvoll ist. Planen kann ich daher nur in der Welt der Dinge: Ich kann den Hausbau planen und mich halbwegs darauf verlassen, daß meine Vorbereitungen dazu die Welt, in der ich ihn unternehme, nicht so entscheidend ändern werden, daß der Bau und das Wohnen im Haus nicht mehr möglich sind. In der Welt des Handelns aber kommt alles auf den Moment an, entscheidend ist nur, was ich jetzt im Augenblick tue, dies ändert alles bis zur Unkenntlichkeit.

≈

Juli 1951

Es ist eine eigentümliche Gestuftheit in allem, was ist. Jedes Seiende wird und vergeht, geht auf und unter, erscheint und verschwindet. Das, worin es erscheint und aus dem es verschwindet, ist zwar auch durch Auf- und Untergang bestimmt, ist aber jeweils ein wenig stabiler, so daß es für das weniger Stabile oder kürzer Befristete eine »Welt« darstellt. So überlebt die lebende Natur den Menschen – und nur weil der Baum und der Stein den Menschen überleben, kann das aus Holz und Stein gemachte Haus dem Menschen Obdach gewähren, nämlich länger sein als er selbst –; so überlebt der Stein den Baum; so überlebt das Gebirge den Stein, die Sonne wahrscheinlich die Erde und das Universum unser Sonnensystem.

Die Tatsache, daß jeglicher Auf- und Untergang sich gleichsam im Rahmen eines Bleibenderen vollzieht, scheint zu indizieren, daß Sein eigentlich Bleiben meint, es hierzu, zum Bleiben, aber immer nur unvollständig, immer nur in Relation zu einem Schwindenden bringt.

Die eigentliche Auszeichnung des Menschengeschlechts vor allen andern Geschlechtern des Seienden, den Geschlechtern des Organischen wie des Anorganischen, scheint zu sein, daß das Geschlecht der Menschen im Gedächtnis als Anlage jedes Menschen demjenigen wenigstens, das innerhalb des Werdens und Verschwindens eines Menschen, innerhalb seines Lebens auf- und untergeht, eine Bleibe sichern kann.

Dies Gedächtnis, oder diese Bleibe, aber bliebe ganz imaginär ohne die Sprache, die das Gedächtnis an Verschwundenes realisieren kann. Dadurch wird auf einmal das ganze Menschengeschlecht, solange es überhaupt existiert, zum Bleibendsten, das wir kennen, gleichsam der Hort des Seins, in das sich alles andere retten kann.

Was für die »memoria« gilt, gilt ganz und gar nicht für das Bewußtsein. Das »con-scire« ist wesentlich sprunghaft und ohne Kontinuität. Die Verwandlung oder Verfälschung des Gedächtnisses in das Bewußtsein schneidet den Umgang, die Kommunikation des Menschen mit der »Welt« ab und ist darum das Zeichen der Isoliertheit des Individuums oder besser: des Gefangenseins des Individuums in sich selbst. Bewußtsein aber könnte auch ein einziges Individuum haben, wenn es ganz ohne seinesgleichen zu leben gezwungen wäre. Gedächtnis und Sprache indizieren die »Stellung des Menschen im Kosmos« als eine Stellung von vielen Menschen, indizieren Pluralität, indizieren die Stellung des Menschengeschlechts in der Gestuftheit des Erscheinenden und Verschwindenden. Darin liegt auch beschlossen, daß die Pluralität, in der alles Seiende begegnet, erst in der Pluralität der aufeinander folgenden Geschlechter der Menschen einen Sinn zu haben scheint, nämlich den Sinn, Bleiben auf der Erde wenigstens für die Dauer des Menschengeschlechts zu ermöglichen.

≈

September 1951

Drei Aspekte:

Der welthistorische: Wo gehobelt wird, da fallen Späne!

Der moralische: Was du nicht willst, daß man dir tu, das füg auch keinem andern zu.

Der politische: »L'affaire d'un seul est l'affaire de tous.«

*

Denkt man erst einmal das Handeln in den Mittel-Zweck-Kategorien und die politische Grundsituation in der Kategorie von Teil – Ganzem (Individuum – Gesellschaft etc.), so kann man gar nicht mehr vermeiden, einen Menschen als Mittel zu benutzen und ihn als Teil einem Ganzen aufzuopfern.

*

Man hat so viel Aufhebens um den Glauben an Gott gemacht, weil es so schwer ist, sich zuzugestehen, daß alle menschlichpersonalen Beziehungen auf Glauben gegründet sind. Die Möglichkeit der Reservatio mentalis beruht auf der Unmöglichkeit, in das menschliche Herz wissend zu blicken, auch in das eigene Herz. Die Unmöglichkeit der wissenden Sicherheit um einen Menschen beruht auf der Fähigkeit der Freiheit. Beides zusammen, die Freiheit und die Dunkelheit des Herzens, macht die Erforschung des Menschen unmöglich und erzeugt als höchste Tugenden im Personalen Glaube, Liebe, Hoffnung. Wenn diese Tugenden auf Gott bezogen werden, so ist Gott nur der Inbegriff menschlicher Verhältnisse. Das Schlimme daran ist nur, daß, als man Gott als den großen Unbekannten ansetzte, man so getan hat, als kennte man den Menschen.

Luther hat dies sehr gut gewußt, als er meinte, die Existenz Gottes sei notwendig, weil es ein Wesen geben müsse, dem der Mensch trauen kann. Nur ist nicht einzusehen, warum es solch ein Wesen geben muß. Könnte es nicht sein, daß gerade die wesentliche Unbekanntheit des Menschen seine Ebenbildlichkeit ausmacht?

Von den drei Tugenden ist die Tugend des Glaubens die geringste und die unerläßlichste. Ohne Glauben könnten menschliche Verhältnisse auf keiner Stufe auch nur minutenweise bestehen. Vollkommenes Mißtrauen ist vollkommene Kontaktlosigkeit, so wie vollkommenes Vertrauen vollkommene Narrheit ist. Der Glaube ist keine Tugend, recht besehen, sondern entspringt der Angewiesenheit der Menschen aufeinander. Der bloße Glaube, unerläßlich für jegliche Beziehung, kann immer korrigiert werden.

Die Liebe macht den Glauben fest, entzieht ihn der ständigen Korrigierbarkeit und ist gerade darum so gefährlich. Liebe ist nicht blind und macht nicht blind; das Gegenteil ist eher wahr; aber Liebe verschreibt [sich] der Dunkelheit des Herzens, das auch ihr sich nur augenblicksweise erhellt und erleuchtet. Das Aufleuchten der Dunkelheit des Herzens ist der »coup de foudre«. Wo immer ein solches Aufleuchten stattfindet, d. h. wo immer sich das Herz im wahrsten Sinn des Wortes öffnet, ist Liebe.

Ohne Hoffnung ist weder Glaube noch Liebe möglich. Die Hoffnung ist die Zuversicht, daß der Glaube auch morgen noch standhalten wird, oder das bebende Abwarten, ob die Herzen sich nicht wieder schließen.

Die Politik ist dazu da, ein Minimum an Vertrauen zu garantieren. Das Gesetz, das sagt: Wenn du das und das tust, wird dir das und das geschehen; der Vertrag, der sagt: Wenn du dies und dies erfüllst, werde ich das und das erfüllen, schaffen einen Rahmen der Voraussehbarkeit im Unvoraussehbaren. Dies tun auch Sitten; und Politik und Verfassungen werden darum um so unerläßlicher, je weniger Verlaß auf Sitten ist – also in allen Zeiten der Erweiterung der Welt, wo der Zusammenstoß der Sitten und Sittlichkeiten einander relativieren.

Der Betrug ist die Reservatio mentalis. Er ist im politisch Öffentlichen, im Gesetz und im Vertrag vorgesehen; auf ihn stehen sofort bestimmte, vorhergesagte Sanktionen. Er ist furchtbar nur im Personalen, weil es da keine mögliche Sanktion gibt.

Das Wagnis der Liebe, ihre »Blindheit«, ist, daß sie mit dem Betrug nicht rechnet und nicht rechnen kann. Darum stimmt: »Wer sich der Liebe ergibt, hält er sein Leben zu Rat?«

Die Descartessche Vorstellung eines konsequent uns narrenden Gottes ist auch nur der Inbegriff des in allen menschlichen Beziehungen immer präsenten Alptraums des Mißtrauens, der Inbegriff der Angst vor der Reservatio mentalis.

*

Gegeben scheint uns überhaupt nur: die Erde, um eine Stelle zu gewähren, an der wir im Universum unsere Zelte aufschlagen können (der Raum); das Leben als die Spanne für unser Verweilen (die Zeit); und die »Vernunft«, um erst uns zu leiten, uns hier für eine Weile häuslich einzurichten, und dann, wenn das Wohnen endlich besorgt ist, im Verwundern zu enden, daß so etwas wie Erde, Universum, Leben und Mensch existieren. Mehr »Zweck« dürfte aus der ganzen Veranstaltung beim besten Willen nicht herauszulesen sein.

Hans Küng
Erkämpfte Freiheit

Einer war anders

In einem Gespräch zu Beginn der 60er Jahre zwischen den beiden damals jüngsten Professoren der Universität Tübingen wird mir der Soziologe RALF DAHRENDORF unumwunden erklären: Theologe sei doch einer wie ich sicher geworden, weil er einmal Prälat, Bischof oder Kardinal werden wolle, also um des Amtes, um des Prestiges, der Macht willen. Ich bestreite dies, weiß aber nicht, ob ich meinen Gesprächspartner, der wohl schon an seinen eigenen steilen Weg in die Politik (bis hin zum EU-Kommissar) dachte, überzeugt habe. Kann ich ihm ja nicht die lange Geschichte erzählen, die ich hier erzähle, um verstehen zu lassen, warum ich ohne alles Karrieredenken den Beruf des »Geistlichen« gewählt habe.

Einer ist anders als die sonstigen »hochwürdigen Herren« von Sursee, ist auch kein Repräsentant des katholisch-konservativen Establishments, das in harten Wahlschlachten seine Prädominanz gegen Liberale und künftige Sozialisten durch Verhinderung der Industrialisierung zu wahren weiß. Es ist der als 29jähriger Pfarrhelfer und Jugendseelsorger 1937 nach Sursee gekommene FRANZ XAVER KAUFMANN, 1954 dann, wie in der Schweiz üblich, demokratisch von der Kirchengemeinde (genauer »Korporationsgemeinde«) zum 65. Stadtpfarrer von Sursee gewählt. Er wird mein Leben begleiten, zuerst ganz aus der Nähe, dann mehr aus der Ferne, bis zu seinem Tod als Spitalpfarrer mit 78 Jahren im Jahr 1986. Ich erzähle hier nicht etwas, was exklusiv für mich gilt, sondern was viele meiner Generation in ähnlicher Weise erfahren haben. Ohne diesen Mann und sein verständnisvolles Wesen hätten manche von uns die Probleme von Pubertät und Adoleszenz nicht so leicht bewältigt, wären mehr als ein Dutzend, die ich kenne, den Weg zum Priestertum nicht gegangen. Dabei hat er keinen einzigen von uns eingeladen, aufgefordert, gar gedrängt. Es ergab sich stillschweigend, was nach den Gründen dieser Ausstrahlung fragen läßt.

Was verbirgt sich wohl hinter all den seelsorglichen Aktivitäten dieses Menschen, der doch kein Aktivist ist, hinter den Manifestationen, Prozessionen und Renovationen eines Pfarrers, der doch kein politischer Demonstrant, kein liturgischer Darsteller und kein verhinderter Kirchenbauer ist? *Was*, so fragt man sich später vielleicht noch mehr als zu seinen Lebzeiten, *ist das Geheimnis dieses einzigartigen Seelsorgers*, der von vielen von uns einfach »der Präses« genannt wird und der doch kein Präsident und kein Prälat und zugleich mehr als beides ist; der dann für alle in Sursee, wirklich für alle, einfach »der Pfarrer« ist und den man doch nie als Pfarrherrn oder Herrn Pfarrer empfindet.

Will man sich an das Geheimnis dieses Menschen mit seinen Aktionen und Passionen, Stärken und Schwächen herantasten, dann darf man ganz ruhig von außen, beim Alleräußerlichsten, anfangen: »Kleider machen Leute«, vielleicht; aber sicher »macht nicht der schwarze Rock und das römische Kollar den Pfarrer«, davon ist Franz Xaver Kaufmann überzeugt und trägt bis zu seinem Ende gerne normale Kleidung. Nur wer ihn mit jenen anderen hochwürdigen »Herren vom Herrenrain« vergleicht, kann ermessen, was es uns Jungen bedeutet, daß der junge Präses, mehr verehrt und geliebt als respektiert, in Hemd und Hose in den Wäldern ringsum im Geländespiel mitkämpft und nachher am Lagerfeuer auch kundig mit abkocht.

Einmal macht ein halbes Dutzend von uns auf Fahrrädern in vier Tagen gar eine Sechs-Pässe-Fahrt (Oberalp – Lukmanier – Gotthard – Furka – Grimsel – Brünig), übernachtet in Disentis und Gletsch im kalten Zelt und in Airolo im Wartesaal … Was für ein Unterschied zur gutbürgerlichen Gemütlichkeit, die wir alle von Haus aus gewohnt sind. Ein *anderer Lebensstil* wird uns so ermöglicht, geprägt von der Jugendbewegung, die bei uns glücklicherweise nicht von den Nazis vereinnahmt werden kann.

Ein Phänomen – dieser Jugendpräses, der vielwöchige Ferienlager in den Bergen organisiert, die manche Surseer zu ihren schönsten Jugenderlebnissen zählen werden. Der das ganze Leben einer manchmal hundertköpfigen Bubenschar von früh bis spät abends mitgestaltet, strengste Bergtouren ebenso wie Küchendienst und Unterhaltungsabende. Der selber Kasperlitheater spielt, gruselige Gespenster- und Räubergeschichten erzählt und zugleich als Samariter für alle Schrammen und Wunden Erste Hilfe zu bringen vermag. Wahrhaftig: ein Seelsorger, der in vielem auch ein Leibsorger, der nicht nur ein Mann der Ferien und Fahrten, sondern ein »Mann für alle Jahreszeiten« ist. Der auch das ganze liebe lange Jahr hindurch sein Erdgeschoß an Sonn- und Werktagen bis in die Nacht offenhält: ein »Lokal«, in welchem sich die Jugend treffen kann und in welchem Gedanken an andere Vergnügungsstätten gar nicht aufkommen. Der im Dezember packende Waldweihnachten und im Februar köstliche Fasnachtsumzüge inspiriert und gar als Theaterregisseur amtet. Der nie um Finanzierungsideen für die zahlreichen Unternehmungen mit Hilfe von Papiersammlungen und Krippenbauten verlegen ist und der zugleich eifersüchtig selber die Kasse verwaltet und durch eine karge Informationspolitik, die einer Schweizer Großbank Ehre machen würde, uns ärgert, aber so dafür sorgt, daß das mühselig gesammelte Geld nicht wieder allzu mühelos ausgegeben wird. Wahrhaftig: ein Präses, der auch noch gleich Aktuar und Kassierer ist und der dann auch als Pfarrer altmodisch alles im Ein-Mann-Betrieb ohne Sekretariat und Pfarreikartei erledigt, so sparsam und billig, wie es die Kirchgemeinde von Sursee gewiß nie mehr erleben wird.

Deshalb nochmals: Was ist das Geheimnis dieses Pfarrers, dessen ungewöhnlicher äußerer Einsatz sich doch nicht in betriebsamer Äußerlichkeit erschöpft? Der kein geistlicher Routinier oder Funktionär, sondern durch und durch Seelsorger ist, der nicht gerne Hausbesuche abstattet und doch in der Begegnung von Mensch zu Mensch wirkt, in der Jugendgruppe, in der Schulklasse, höchst diskret auch im

Beichtstuhl, am Krankenbett, im seelsorglichen Gespräch. Kein doktrinärer Verteidiger alter Bastionen, sondern ein bescheidener Vorläufer einer weltoffenen Pastoral, der die quälenden Probleme der Jugend ernst nimmt und nicht zuletzt die sexuellen Nöte der Reifezeit versteht. Der in gewinnender Menschlichkeit für den einzelnen wie für die Gruppen, für Jüngere und Ältere in den verschiedenen frohen wie weniger frohen Situationen den rechten Ton und das rechte Wort findet. Der Autorität verkörpert ohne versteckten Autoritarismus, ganz paulinisch nicht Herr unseres Glaubens, sondern Diener unserer Freude. Der seine unauffällige Frömmigkeit in Aussprachen und Ansprachen, in Gottesdienst und Menschendienst glaubwürdig weiterzugeben vermag, der in allem das Vertrauen der Kleineren und Größeren, der Stärkeren wie der Schwächeren genießt und der bei all seinem weltlichen Treiben ein echter »Geistlicher« bleibt.

Wahrhaftig: ein Seelsorger für alle und jeden, nicht für einen Kreis der Frommen und Superfrommen, sondern auch für die weniger Frommen; nicht nur für die »Konservativen«, sondern auch für die »Liberalen«; nicht nur für die Strenggläubigen, sondern auch für die Weltläufigen; nicht nur fürs erwachsene Kirchenvolk, sondern für die immer wieder neue Generation der Heranwachsenden. Und in allem ein gar nicht sehr Wundergläubiger, der aber in den Herzen vieler unauffällige kleine Wunder wirkt, von denen vielleicht nur diejenigen sichtbar werden, die in seiner Zeit – so zahlreich wie sonst kaum irgendwo und nie mehr nachher – den Priesterberuf ergreifen, weil er ihnen in seiner Existenz ein mitreißendes Bild von diesem Beruf, dieser Berufung zu vermitteln vermag. Dabei ist er keineswegs immer bequem. Er hat seine Schwächen, schmollen und grollen kann er, sich ärgern und aufbrausen im »Streß« der Seelsorge. Es gibt auch Spannungen und Streit, als wir selbständiger werden und unsere eigenen Vorstellungen durchsetzen wollen. Aber doch nie auf Dauer …

Kirchliche Anerkennung »von oben« wird unser Pfarrer nicht finden, er, der gewiß eher ein Inspirator als Organisator, eher ein Cunctator (Zögerer) als Agitator, eher ein geistlicher Vermittler als ein gewiefter Kirchenpolitiker ist, der zu den »Stillen im Klerus« gehört und sich in Klerusversammlungen, wo andere das Wort führen, einsam fühlt, der, unten beliebt, sich oben kaum beliebt zu machen weiß. Weder Domherr noch Dekan, weder bischöflicher Kommissar noch päpstlicher Monsignore wird er je werden, wiewohl alle, die ihn näher kennen, sein kluges abgewogenes Urteil in kirchlichen wie politischen Dingen schätzen. Ehrenposten angestrebt hat er nie, aber leiden wird er doch unter der fehlenden kirchlichen Anerkennung und der Isolierung seiner letzten Dutzend Jahre unter einem traditionell römisch ausgerichteten Stadtpfarrer, der den Spitalpfarrer von Kanzel und Gemeinde fernhält.

Deshalb noch ein letztes Mal gefragt: Was ist das Geheimnis dieses zweifellos charismatischen Jugendführers, Beichtvaters, Predigers, Seelsorgers, von dem man nur wünschen möchte, es gäbe ihrer in unserem Klerus mehr? Das Geheimnis – ich werde dies alles später besser verstehen – dieses durchaus menschlichen und manchmal allzu menschlichen Seelsorgers ist: In ihm wirkt Geist von dessen Geist, der da schon vor 2000 Jahren auf geistliches Gewand und klerikales Getue kein Gewicht legte. Der jeden Menschen nahm, wie er nun einmal ist in seiner Schwäche und Gebrechlichkeit, und ihn ganz und gar ernst nahm als der, der er ist, Gottes so gewollte Kreatur. Der keinen einfach zu einem anderen machen wollte, ihn nicht verdammte, ihm vielmehr eine neue Chance gab. Der niemand inquisitorisch nach seinem Glaubensbekenntnis befragte und beurteilte, sondern der ins Herz zu schauen vermochte. Der, aller übertriebenen Frömmigkeit abhold, keine sakrale Machtposition aufbaute, sondern im Dienst an den Menschen voranging.

So könnte man weiterfahren, aber es dürfte schon deutlich geworden sein: Es ist schlicht der Geist dieses Jesus, von dem der Jugend-, Stadt- und am Ende Spitalpfarrer bis zu seinem Ende so ungekünstelt, direkt und ansprechend zu reden und predigen weiß. Ja, bei seiner Totenfeier werde ich dies ganz klar aussprechen: Es ist Jesu Geist, der in diesem Geistlichen unauffällig und sanft am Werke ist: das befreiend *Jesuanische*, das hinter allem menschlichen Charme und aller allzu menschlicher Grenze dieses Seelsorgers Geheimnis ist! Und die Tiefe dieses Jesuanischen ist es, was mich als jungen Menschen auf den Weg des »Geistlichen« ruft und mir Leitbild bleiben wird, so daß meine Schilderung hier besonders ausführlich sein mußte. Ob dies auch ein »Weltlicher« verstehen kann? Aber oft folgt dann die Frage, wann ich mich denn zum geistlichen Beruf entschlossen habe ...

Eine frühe Entscheidung

In dieser Frage schwingt meist das ungläubige Staunen mit, daß einer wie ich – ausgerechnet – katholischer Priester werden wollte. Darüber haben sich damals auch schon manche gewundert. Nun ist ja dieser Beruf nicht so etwas wie ein Job, den man annimmt, zum Lebensunterhalt vor allem, und den man wieder aufgibt, wenn er einem nicht mehr gefällt. Bei diesem Beruf geht es um eine wirkliche *Berufung*, bei der man so etwas wie eine innere Stimme hört, nicht direkt vom Himmel normalerweise, aber im eigenen Herzen. Es geht um eine Lebenswahl, welche die ganze Existenz umkrempelt und umgreift und bei der die (ohnehin nicht sehr splendide) Entlöhnung das Allernebensächlichste ist.

So verstehe ich meine Entscheidung: eine Lebenswahl, die aber faktisch so etwas wie eine *»Standeswahl«* ist. Während der Adel mit dem Ende des Ersten Weltkriegs seine Standessymbole und Standesprivilegien weithin verlor, hat sie der »geistliche Stand« noch weithin bewahrt. Und die »geistlichen Herren« in Sursee und anderswo erscheinen noch immer von der sonstigen Bevölkerung deutlich abgehoben – mit bestimmten Rechten (in der Schweiz befreit etwa vom Militärdienst) und besonders Pflichten, der Zölibatspflicht vor allem.

Für mich ereignet sich diese Berufung sehr früh und erstaunlich einfach, wohl gegen Ende der fünften Schulklasse, in meinem zwölften Lebensjahr. Mit meinen Eltern hat diese Wahl nichts zu tun. Sie hatten weder mit mir noch ich mit ihnen darüber geredet. Direkt auch nicht mit meinem Jugendpräses, wenngleich ohne sein Vorbild diese Wahl völlig unmöglich gewesen wäre. Im Gespräch mit einem älteren Freund, HANS ZURKIRCHEN, damals unser bewunderter Scharführer, frage ich nach seiner eigenen Berufswahl: »Ich möchte Priester werden wie unser Präses«, ist seine Antwort. Und da schießt es mir blitzartig durch Kopf und Herz: Das wäre doch eine große Aufgabe auch für dich! Und ich sage ja. Und habe so *meine erste grundlegende Lebensentscheidung* getroffen, die mir vieles abfordern wird, in der ich aber nie schwankend werden sollte: für das *geistliche Amt*.

Für mich ist dies der »Ruf Gottes« – natürlich nicht in übernatürlich-mirakulöser Weise direkt von oben, sondern in der sich aufdrängenden realen Situation vermittelt durch die Stimme meines Freundes. Eine Berufung, die sich im inneren Drang, im innerlichen Sich-befähigt-Erkennen, im Getriebensein zu diesem konkreten Dienst Ausdruck verleiht. Weder ein Prälat noch ein Bischof hat damit das geringste zu tun, wiewohl von vornherein klar ist, daß die Kirchenleitung das Recht hat, einen Kandidaten, der sich als geeignet ansieht, auch zu überprüfen. Meiner Mutter und meinem Präses offenbare ich diese Berufswahl nachträglich – ohne viele Worte. Beide freuen sich, drängen aber zu nichts. Bis zu meiner definitiven Entscheidung wird es ohnehin nochmals zwölf Jahre dauern: Wer weiß schon, wie alles weitergeht?

Später, als ich – für ein Jahr Wissenschaftlicher Assistent im fernen Münster/Westfalen – meine einsamen Sonntagnachmittage damit verbringe, das schönste Spiel meines Lebens zu spielen, nämlich bei klassischer Musik auf Millimeterpapier ganz präzise die Grundrisse meines zukünftigen kleinen Seehauses zu berechnen und einzuzeichnen, die dann mein Architekt und Freund Josef Suter genau übernimmt, um sie in einen ganz anders interessanten Aufriß umzusetzen: da denke ich, Architekt hätte auch ein schöner Beruf sein können. Oder, aufgrund meines immensen Interesses an Geschichte, Weltgeschichte vor allem: Historiker. Oder, als meine Führungsqualitäten in der Jugendbewegung Anerkennung finden und ich es rasch zum erfolgreichen Gruppen-, Schar- und Kreisführer bringe: irgendein Führungsposten in Politik oder Wirtschaft ...?

Aber das sind alles pure Gedankenspiele und keine ernsthaft erwogenen Optionen. Ich fühle mich – unbekümmert um Fragen von Geld und Macht – zu anderem berufen, was mir persönlich durchaus als das bei weitem Höhere, freilich auch Schwierigere erscheint. Denn diese Entscheidung für das geistliche Amt ist ja nun einmal mit der höchst schwerwiegenden Entscheidung zur Ehelosigkeit gekoppelt. Und der *Zölibat* gilt in dieser Zeit als zwar menschliches, aber faktisch unumstößliches Kirchengesetz, das man um der großen Lebensaufgabe willen schlicht in Kauf zu nehmen hat: ohne Zölibat kein Priesterberuf. Daß die Ehelosigkeit, Jesus und auch Paulus zufolge, eine frei ergriffene Berufung (»Charisma«) sein müßte (nur »wer es fassen kann, fasse es«), die nicht zu einem allgemein verpflichtenden Gesetz für Amtsträger gemacht werden kann (die Apostel und die ersten Bischöfe waren fast ausnahmslos verheiratet), sagt uns damals in der katholischen Kirche niemand. Die Unterscheidung von Gesetz und Charisma wird uns allen erst in der Konzilszeit aufgehen ...

Zu allem ja und amen sagen

Für mich stellte sich schon unmittelbar nach dem Konzil die nüchterne Frage: Soll, kann, darf ich mich mit all den päpstlichen Lehrdokumenten abfinden, die Paul VI. in alter römischer Selbstherrlichkeit – völlig unbekümmert um die vom Konzil feierlich beschlossene Kollegialität des Papstes mit dem Episkopat – »erläßt« und die ja nun auch zahllose Bischöfe und Theologen ärgern, erzürnen, bedrücken? Soll ich mich wie viele von ihnen mit privaten Unmutskundgebungen zufriedengeben und mich öffentlich einverstanden erklären? Soll ich eventuell mit Murren und Knurren und am Ende mit Hängen und Würgen zu allem ja und »amen« (hebräisch: »so geschehe es«) sagen:

Ja und Amen zur Enzyklika »*Sacerdotalis coelibatus*« (1967) über den Pflichtzölibat? Diese bemüht in empörender Weise die höchsten Wahrheiten des Evangeliums, um gerade das nicht beweisen zu können, was zu beweisen wäre: daß eine nach dem Evangelium sinnvolle freie Berufung zur Ehelosigkeit von der Kirchenleitung zu einem verpflichtenden Gesetz gemacht werden dürfe, das die Freiheit aufhebt.
Ja und Amen zum »*Credo*« des Papstes (1968)? Dieses wird von Paul VI. mit typisch römischem Identifikationsgebaren, ohne die Kirche oder auch nur den Episkopat zu fragen, zum »Credo des Gottesvolkes« erklärt; dabei wird die vom Vatikanum II festgestellte »Hierarchie der Wahrheiten« völlig vernachlässigt und werden problematische theologische Konstrukte römischer Tradition auf eine Stufe mit den zentralen Aussagen der biblischen Botschaft gestellt.
Ja und Amen zur Enzyklika »*Humanae vitae*« (1968) über die Geburtenregelung? Sie macht auch für die erstaunte Weltöffentlichkeit die Schwäche und Rückständigkeit der römischen Moraltheologie und die Gefährlichkeit der Unfehlbarkeitsideologie offenbar und löst innerhalb der katholischen Kirche einen unerhörten Widerspruch und Exodus von Kirchengliedern und abweichende Erklärungen von Theologen, Bischöfen und ganzen Bischofskonferenzen aus.
Ja und Amen auch zum bald folgenden *Mischehendekret* (1970)? Dieses offenbart hinter allen ökumenischen Beteuerungen die noch immer zutiefst unökumenische Einstellung der römischen Zentralverwaltung, deren Mentalität und Stil immer wieder von Kurzsichtigkeit, Sturheit und Anmaßung, manchmal geradezu von einem Überheblichkeitswahn, zeugen. Und so weiter ...?

Unendlich viel Leid haben gerade diese nachkonziliaren

römischen Fehlentscheidungen (und entsprechenden Personalentscheidungen) über katholische Gläubige gebracht. Jeder Seelsorger kann zahllose Geschichten davon erzählen. Doch mit dem römischen System ist der Papst auch persönlich mitverantwortlich für die bis heute andauernde Kirchenmisere: rigorose Sexualmoral, Zusammenbruch der Seelsorge infolge Priestermangel, Verhinderung der ökumenischen Verständigung und Abendmahlsgemeinschaft, Versagen angesichts katastrophaler Bevölkerungsexplosion und Aidsepidemie ... Zu all dem also ja und amen sagen – nein, das kann ich *nach bestem Wissen und Gewissen nicht*! Mit dieser römischen Theologie und Politik kann ich mich als katholischer Theologe nicht nur nicht identifizieren, gegen sie muß ich in aller Loyalität zur Kirche und auch zum Papst opponieren. Gerade geistlicher Diktatur – mit verheerenden Folgen für ungezählte Menschen – muß widerstanden werden. Gerade kirchlichem Totalitarismus muß die Freiheit des Gewissens, die Freiheit eines *Christenmenschen* entgegengesetzt werden.

UNTERSUCHEN UND DARSTELLEN

– *Themen der Zeitgeschichte* –

Brigitte Hamann

Winifred Wagner oder Hitlers Bayreuth

Hitlers erster Besuch in Wahnfried und der Putsch

... Meine jugendliche Begeisterung kannte damals keine Grenzen, und A. H. hatte wohl seine helle Freude daran, denn er folgte am Tage darauf meiner Einladung, nach Wahnfried zum Frühstück zu kommen.

So betrat Hitler am 1. Oktober 1923 »voller Ehrfurcht«, wie Winifred betonte, zum erstenmal die Villa Wahnfried. Auch die Chamberlains waren anwesend und natürlich die Kinder: Wieland sechs, Friedelind fünf, Wolfgang vier und Verena knapp drei Jahre alt. Hitler lernte nun auch Siegfried kennen, den »Sohn des Meisters«, und sah laut Winifred *sehr bewegt alles an, was unmittelbar mit R. W. zusammenhing – die unteren Wohnräume mit seinem Arbeitstisch, dem Flügel, Bilder Bibliothek etc. etc.* Der tags zuvor von den Massen gefeierte »Retter Deutschlands« trat in Wahnfried als ehrfürchtiger und kenntnisreicher Wagnerianer auf. Er war bescheiden, hatte gute Manieren und zeigte sich tief beeindruckt. Er erzählte aus seiner Linzer Jugendzeit und welch großen Eindruck ihm als Knaben der LOHENGRIN im Linzer Landestheater gemacht hatte. Damals habe er sogar Opernsänger werden wollen.

Er monologisierte nicht, sondern ging auf die Probleme der Familie Wagner ein, die Sorgen um den »Parsifal-Raub«, die bevorstehende Amerikareise, die mühsame Wiederaufnahme der Festspiele. Schließlich habe Siegfried *nach einem außerordentlich lebendigen Gespräch ... in seiner spontanen Art* herzlich lachend seine Hände auf die Schultern des 20 Jahre jüngeren Hitler gelegt mit dem Ausruf: »Weißt du, du gefällst mir!« Wie Chamberlain war auch Siegfried *angetan von A. H. in seiner zwar äußerst bescheidenen, aber doch bestimmten Art und bot ihm bald darauf das Du an.*

Die Wagners führten dann den Gast hinaus zum Grab des »Meisters« und ließen ihn dort allein. Als er ins Haus zurückkehrte, habe Hitler versprochen: »Sollte ich jemals irgendeinen Einfluß auf die Geschehnisse haben, dann werde ich dafür sorgen, daß der Parsifal nach Bayreuth zurückgegeben wird. Mit Sicherheit erzählte Hitler den Wagners auch von seinen Putschplänen.

Hitler hatte den Besuch in Wahnfried offensichtlich sorgfältig inszeniert und kam in einem Moment, da er bereits als jemand Besonderer, eben der allseits erhoffte künftige »Retter Deutschlands«, galt und schon eine Führungsposition in den deutschnationalen Verbänden hatte. Daß er ausgerechnet jetzt kam, kurz vor dem Putsch und dem erwarteten Durchbruch zur Macht, hatte etwas von einer Weihe an sich. Wie Gläubige vor einer wichtigen Entscheidung eine Pilgerfahrt machen, holte sich Hitler den Segen Chamberlains und den des toten »Meisters« Richard Wagner. Durchaus glaubwürdig schwärmte er noch 1942 in der Wolfsschanze: »Als ich dann Wahnfried zum ersten Mal betreten habe, ich war so bewegt!«

Winifred betonte auch nach 1945 immer wieder, daß Hitler einen »sehr kultivierten Eindruck« gemacht und sich als eine »hochbegabte und vielseitig interessierte Persönlichkeit und vor allem als Wagner-Enthusiast und Wagner-Kenner« erwiesen habe. Die Familie hoffte, »in ihm einmal einen eifrigen und mächtigen Förderer der Festspiele zu finden«.

Winifred versuchte im Rückblick, die enorme Resonanz von Hitlers Besuch mit den Zeitumständen zu erklären: *Ja, lieber Gott noch mal, Ihnen wär's genauso gegangen.* Sie führte das große Elend nach 1918 an, die Inflation, Hunger und Not. Es sei *eine derartige Depression über ganz Deutschland gekommen, dazu dann diese ganz links, ganz scharf gerichteten, diese Spartakistengruppe ... Dann also die Räterepublik in München. Das war der reinste Anarchismus.* Da sei es doch nur natürlich gewesen, *daß sich die deutsch empfindenden Menschen versuchten zusammenzuschließen und auch irgendwie nach einer Führung verlang-*

ten. Und als dann in München dieser damals noch also völlig unbekannte Hitler auftrat und seine wirklich flammenden Reden hielt und uns quasi versprach, durch eine neue Volksgemeinschaft den Versuch zu machen, uns zu retten, daß man da eben in jeder Hinsicht sich ihm anzuschließen bereit war.

Sie las zu ihrer Rechtfertigung später auch gern Chamberlains Huldigungsbrief vor als *Schilderung Hitlers in seiner Ausstrahlung, in seinem Wesen zu Anfang seiner Karriere ... in diesem Anfang und in diesem Zustand haben wir ihn damals alle kennengelernt.* Sie sei mit ihren 26 Jahren ja nicht als einzige *dieser absoluten Faszination* erlegen, und *wenn ein alter und doch schließlich kranker Mann sich so beeindrucken läßt, da muß man doch irgendwie Verständnis dafür haben, daß also viel jüngere und weit ... ungehemmtere Menschen sich sehr stark durch ihn beeindrucken ließen.*

Siegfried war ebenso begeistert wie seine Frau und schrieb in diesen Tagen: »Gottlob gibt es noch deutsche Männer! Hitler ist ein prachtvoller Mensch, die echte deutsche Volksseele. Er muß es fertigbringen!« Gegenüber Franz Stassen meinte er: »Als der Führer zum erstenmal nach Bayreuth kam, gewann er sich als Mensch und deutscher Helferich in Wahnfried alle Herzen.« Laut Stassen war Siegfried »von Anfang an ... begeistert für die Bewegung, von der er Deutschlands Erwachen und seine Erneuerung erhoffte«. 1923 sei »ein Freundschaftsbund mit Wahnfried und Chamberlains Haus geschlossen« worden.

Stolzing-Cerny, der im VÖLKISCHEN BEOBACHTER über den »Deutschen Tag« in Bayreuth berichtete, hob Hitlers Besuch in Wahnfried hervor und »die dabei zutage getretene innige Verschmelzung der völkischen Freiheitsbewegung mit dem Bayreuther Kulturideal: die praktische Erfüllung der Wiedererneuerung des deutschen Volkes im Geiste Richard Wagners«.

Hitler suchte bald wieder eine Gelegenheit, nach Wahnfried zu kommen. Mit seinem Parteifreund Ernst Hanfstaengl machte er auf der Durchreise in Bayreuth Rast und übernachtete im Hotel »Zur Post«. Da die Wagners verreist waren, nutzten die Besucher die Zeit zur Besichtigung des ungenutzten Festspielhauses. In dem »von geisterhaftem Halbdunkel erfüllten Gebäude« stand noch immer das Bühnenbild des FLIEGENDEN HOLLÄNDERS, wie es bei Kriegsausbruch vor neun Jahren verlassen worden war. Es bestand freilich laut Wolfgang Wagner nur aus »ein paar alten Lappen«.

Inmitten dieser »verstaubten Bühnenpracht aus einer entschwundenen Ära und im Bannkreis Richard Wagners« erlebte Hanfstaengl »einen seltsam veränderten Hitler«: »Der Schwadroneur, der mir mit seiner ärgerlichen Besserwisserei in Berlin gelegentlich auf die Nerven gegangen war, hatte sich überraschend in einen dankbaren, aufmerksam lauschenden Zuhörer verwandelt, dem ich nicht genug von dem erzählen konnte, was ich über die Anfängerjahre Richard Wagners als Hofkapellmeister in Dresden wußte.« Hanfstaengls Urgroßvater Ferdinand Heine war in Dresden Kostümbildner der Uraufführungen des FLIEGENDEN HOLLÄNDERS und von RIENZI gewesen, »Dinge, die Hitler mit einer fast andachtsvollen Ergriffenheit in sich aufnahm«.

Die Putschgerüchte wurden immer lauter. Man munkelte auch, daß sich Bayern vom Reich lösen und wieder die Monarchie unter den Wittelsbachern errichten werde, was Winifred am 26. Oktober 1923 energisch gegenüber ihrer in Preußen lebenden Freundin Lenchen dementierte: *schade, daß Ihr in Berlin immer nur alles durch eine falsche Brille seht!* Die Bayern seien *reichstreu bis auf die Knochen, von Separatismus Kahrs oder Hitlers ist kein Wort wahrt! – Sie wollen aber* ***diesem*** *Reich keinen Gehorsam geben – bei uns ist alles tadellos in Ordnung – man fühlt sich wohl und sicher – da will man sich durch Berlin nichts verderben lassen – sondern eher Berlin dieselben gesicherten Zustände verschaffet! – Seit gestern sind Hitlers Sturmabteilungen militärisch vereidigt – also gehen die zwei Hand in Hand, und alles andere ist gelogen! – Man ist ja fieberhaft erwartungs-*

voll. Ich glaube aber doch, daß alles anders und besser wird!

Der Putsch war für den Vorabend des 9. November 1923 geplant, den fünften Jahrestag der verhaßten Republik. Die Wagners hatten sich für den Tag danach, also zur Feier von Hitlers für sicher gehaltenen »Machtergreifung«, etwas Besonderes einfallen lassen: Sie bereiteten im Odeon bei der Feldherrnhalle ein Konzert vor, das offiziell vom »Richard Wagner-Verband deutscher Frauen« veranstaltet wurde. Winifred 20 Jahre später: *der 8. November sollte ja der Auftakt zur nationalen Revolution und der Umkehr werden.* Und so sei eben zur Feier des Sieges *ein großes Festkonzert in München geplant* worden. Und an anderer Stelle: Siegfried sollte *das Festkonzert dirigieren und war mit mir zu den Proben in München!*

Was gefeiert werden sollte, konnten freilich nur Eingeweihte dem Programm entnehmen: Höhepunkt des Abends sollte die Uraufführung von Siegfrieds symphonischer Dichtung GLÜCK sein. Zur Erläuterung wollte er dazu einen langen Text vorlesen mit folgendem hier stark vereinfachten Inhalt: Göttin Fortuna fliegt zur Erde, um dem Würdigsten ihren Segen zu spenden. Die ersten Bewerber, die so mindere Güter wie Reichtum, Behaglichkeit, Liebe oder Weisheit begehren, weist sie zurück. Da endlich: »Streiter erblickt sie auf feurigen Rossen in die Welt reiten. Sie ruft: ›Heil Euch, muntere Burschen! Wohin des Weges?‹ ›Wir ziehen zum Kampf! Der Feind will uns das Heiltum rauben! Das soll ihm nicht gelingen!‹« Daraufhin »jauchzt die Göttin«: »›Heil Euch! Ihr seid die Rechten! ... Wer sich selbst vergessend für Ideale lebt und streitet, dem wird mein Segen zuteil.‹« Unter Trompetenfanfaren mündet das Stück in die Botschaft, daß das »wahre Glück« die »der Menschheit segenbringende Tat« sei.

GLÜCK war als Huldigung an die triumphierenden »Retter Deutschlands«, Ludendorff und Hitler, und deren »Machtergreifung« gedacht. Um keinen Zweifel an der Deutung des Stückes zu lassen, notierte Siegfried in der Partitur das Datum, an dem er diesen Teil abschloß: »20. 4. (!)«, also Hitlers Geburtstag. Eine weitere Bestätigung ist Siegfrieds Bemerkung an seine Verehrerin Rosa Eidam 1924: »Mein ›Glück‹ paßt so ganz auf Hitler und seine Schar, als hätte ich's vorgeahnt.«

Die Konzertvorbereitungen waren schwierig. Denn wegen der unsicheren politischen Lage sagten mehrere Sänger ab. So hatte Winifred am 20. Oktober Gelegenheit, in Siegfrieds Auftrag an Hugh Walpole zu schreiben mit der Bitte, Lauritz Melchior zur Zusage für dieses Konzert zu bewegen, natürlich mit dem Hintergedanken: *wenn M. singt, kommt er* (Walpole) *vielleicht doch noch ... Fidi wird allmählich sehr vernünftig über unsere Freundschaft und will mir erlauben, ruhig ein paar Tage länger als er in München zu bleiben, wenn ich Lust habe ... Jetzt kneif bloß den Daumen, daß Hugh kommt.* Ihre Hoffnungen wurden enttäuscht. Melchior sagte zwar zu, kam aber ohne Walpole.

Siegfried und Winifred machten sich am 8. November auf den Weg nach München. Sie wohnten bei Freunden in der eleganten Widenmayerstraße und waren erstaunt, als man ihnen am Morgen des 9. November beim Passieren der Maximilianstraße den Paß abverlangte mit der Erklärung, im Bürgerbräukeller sei soeben die nationale Revolution ausgerufen worden. Winifred: *Die öffentlichen Gebäude waren ohne irgendwelchen Zwischenfall besetzt worden, überall herrschte Ruhe und Ordnung.* Aus vielen Fenstern hingen Hakenkreuzfahnen. Der Putsch schien gelungen.

Hitler hatte am Abend des 8. November eine nationale Kundgebung der bayerischen Regierung im Bürgerbräukeller mit seinen bewaffneten Trupps gesprengt und die »nationale Revolution« ausgerufen. Die bayerische Regierung wie die Reichsregierung seien abgesetzt, erklärte er, »Reichswehr und Landespolizei rücken bereits mit den Hakenkreuzfahnen heran«, was freilich nicht stimmte. Er bot Kahr an, Landesverweser anstelle der Wittelsbacher zu werden, Ernst Pöhner sollte Ministerpräsident mit diktatorischen Vollmachten und Hans von Seisser Polizeiminister werden.

Ludendorff sollte beim »Marsch auf Berlin« die »nationale Armee« befehligen. Für sich selbst beanspruchte Hitler das Amt des Reichskanzlers. Kahr willigte in die Forderungen ein, gab sein Ehrenwort, und Hitler fühlte sich als Sieger. Die SA demolierte bereits die Einrichtung der SPD-Zeitung MÜNCHNER POST. Im Rathaus wurden der SPD-Bürgermeister und alle SPD- und KPD-Stadträte als Geiseln genommen. Rudolf Heß hißte auf dem Rathaus am Marienplatz die Hakenkreuzfahne.

Aber: *Als wir am 9. November uns auf die Straße begaben, bemerkten wir überall eine merkwürdige Erregung. Es waren große, gelbe Plakate angeschlagen, aus denen hervorging, daß Kahr, Lossow und Seisser nur zum Scheine die Bürgerbräukellerkundgebung mitgemacht hätten, daß Hitler und seine Anhänger als Hochverräter zu betrachten seien!* Die Unsicherheit war groß.

Trotzdem marschierten 2000 Putschisten in Zwölferreihen, geführt von Ludendorff und Hitler, mit wehenden Fahnen, das DEUTSCHLANDLIED singend, am 9. November um 11.30 Uhr vom Bürgerbräukeller auf der Isarhöhe in die Stadt, begleitet von heilrufenden Anhängern, um das Wehrkreiskommando in der Ludwigstraße zu erreichen und sich dort mit den Kameraden um Ernst Röhm zu vereinen. Sie überwanden eine erste Sperrkette der Landespolizei und kamen zum Marienplatz und zum Rathaus, wo Reden an die Menschenmenge gehalten wurden. Winifred: *Am 9. kamen wir ins Gedränge um die Feldherrnhalle – später erzählte uns A. H., er habe vom Rathaus aus ... uns beide auf der Straße erkannt.*

In der engen Residenzstraße kurz vor der Feldherrnhalle war auf Kahrs Befehl schwerbewaffnete Landespolizei postiert, um den Putsch mit Gewalt niederzuschlagen. In einem einminütigen Schußwechsel ließen 16 Putschisten und drei Landespolizisten ihr Leben, beim gleichzeitigen Schußwechsel im Wehrkreiskommando zwei weitere Putschisten. *Gegen Mittag gerieten wir ... in eine Volksmenge, die mit Gewehrkolben auseinandergetrieben wurde. Am frühen*

Nachmittag traf die Nachricht von den Geschehnissen an der Feldherrnhalle ein, zugleich mit dem Gerücht, Ludendorff sei tot und Hitler schwer verwundet. Verläßliche Informationen gab es nicht. Alle Veranstaltungen, auch das Wagner-Konzert, wurden abgesagt.

Winifred: *ich hatte noch niemals einen Volksauflauf gesehen und eine derartige Erregung erlebt. Ich verstand es auch nicht, daß man am 8. November die Nationalversammlung ausrief und am nächsten Tage Hitler und Ludendorff als Landesverräter anprangerte und die Tat des vorigen Abends als Landesverrat ansah.*

Kahr war von nun an wegen seines »Verrats« für alle Hitler-Anhänger ein Ziel wilden Hasses, so auch für Siegfried Wagner: »Am 8. und 9. November erlebten wir in München in der Nähe die ganzen Ereignisse. Himmelhoch jauchzend, zu Tode betrübt. So ein schändlicher Verrat ist noch nie geschehen! Gegen solche Gemeinheit ist allerdings ein so reiner Mensch wie Hitler und Ludendorff nicht gefeit. Der Deutsche kann so etwas nicht fassen! – Und diese Zwietracht in den Reihen der Nationalen. Es ist zum Verzweifeln. Eitelkeit, Bockbeinigkeit, nur nie Eintracht. Da hat's der Jud und Pfaff leicht.«

Die Wagners kannten viele Putschisten persönlich, nicht nur jene aus Bayreuth, sondern auch Röhm, Hanfstaengl, Eckart, Leu Du Moulin Eckart, die Freikorps-Führer Hermann Ehrhardt und Gerhard Roßbach, Ulrich Graf und andere. Winifred meinte rückblickend, daß *Kahr, Lossow und Seisser ihn* (Hitler) *ganz elend hintergangen hatten, und ich meine, diese ganze Geschichte da an der Feldherrnhalle in München ... diese Schießerei usw., die hat uns einfach auf seine Seite getrieben, weil wir das für eine unmögliche ... Reaktion hielten, damals.*

Während Siegfried nach Berlin fuhr, reiste Winifred in höchster Aufregung zurück nach Bayreuth. Dort hatte die Polizei bereits am Morgen des 9. November das Lokal der Hitler-Partei gesperrt und die Führer verhaftet. Trotzdem demonstrierten die Bayreuther Nazis am 11. November auf dem Marktplatz, trugen Hakenkreuze, schrien »Heil« und ließen ihren Helden Hitler hochleben, bis die Polizei einschritt.

In Wahnfried herrschte große Betriebsamkeit. Viele Besucher wollten Augenzeugenberichte über den Putsch hören, denn Nachrichten kamen nur spärlich. *Es war damals die Post besetzt, und es gab keine Pressenachrichten; es war sozusagen Belagerungszustand erklärt ... es drangen wilde Gerüchte nach Bayreuth.* Am 11. November kam die Nachricht, daß der flüchtige Hitler im Haus der Hanfstaengls in Uffing am Staffelsee gefunden, verhaftet und auf die Festung Landsberg gebracht worden war. Viele Putschisten, so auch Hermann Göring, hatten sich in das nahe Österreich abgesetzt. Das freilich traute sich der Österreicher Hitler aus guten Gründen nicht. Denn bei seinen Landsleuten konnte er nicht auf solche Milde wie in Bayern rechnen. Der Kriegsheld Ludendorff blieb bis zum Hochverratsprozeß, der nun allen Putschisten bevorstand, auf freiem Fuß.

Nach und nach stellte sich heraus, daß zwei Bayreuther Putschteilnehmer tot waren: Theodor von der Pforten und Martin Faust. Max Sesselmann war schwer verwundet. Sieben weitere waren in Haft.

Wie der Parteichronist Benedikt Lochmüller berichtet, habe die Bayreuther NSDAP Winifred am 12. November um einen Augenzeugenbericht gebeten, und sie habe die »geradezu weissagenden Worte« gesagt: *Glauben Sie mir, Adolf Hitler ist trotz allem der kommende Mann, und er wird eben doch noch das Schwert aus der deutschen Eiche ziehen* – eine Anspielung auf den Siegmund in der WALKÜRE.

Über ihren Auftritt berichtete Winifred an Lenchen: *ich bin abends unter dem Jubel sämtlicher Anwesenden in das Lokal der Hitlerleute gegangen, und wie sie mich aufforderten, über die Münchner Vorgänge ... zu berichten, tat ich es auch gleich, stand auf und legte mit Sopranposaune los!! Die zweite Rosa Luxemburg!! Das hat natürlich in der Haute volée höchstes Entsetzen erregt und trug mir am nächsten Tag eine Masse Warnungen vor Verhaftungen ein.*

Später, bei der Entnazifizierung, stellte Winifred den Abend verharmlosend so dar: *Bei einem Glase Bier habe ich dann völlig zwanglos einer kleinen Anzahl von Bayreuthern (mehr gehen in das Lokal nicht hinein) das erzählt, was wir in München von den Vorgängen gesehen und erfahren hatten.* Überhaupt sei sie damals 26 Jahre alt und *ein absolut kleines Würstchen* gewesen, *kein Mensch hat damals auf mich gehört. Ich habe damals ganz bescheiden im Hintergrund gestanden und war nur Mutter, Hausfrau und Gattin.*

Noch später, im hohen Alter, hingegen sah sie ihren Auftritt im Brief an ihre Gesinnungsgenossin Gerdy Troost geradezu in einer Gloriole und schilderte den Abend im *Stammlokal der hiesigen Parteimitglieder bei Lieb in der Kanzleistraße, wo ich auf dem Tisch stehend berichtete!!!!! Tagsüber hatte ich Flugblätter auf den Straßen verteilt! Damals war man eben jung und begeistert, und mein Siegfried ließ mich auch.* Er habe ihr *plein pouvoir* gegeben.

Tatsächlich stand die bisher im Hintergrund stehende junge Frau nun plötzlich in der Öffentlichkeit und schrieb begeistert an Lenchen: *Für mich hat der 9. November ein vollständig neues Tätigkeitsfeld eröffnet, nämlich das leidenschaftliche Eintreten für Hitler und seine Ideen.* Sie habe von da an Kontakt mit Hitlers Anhängern gehalten *und, wo ich konnte, den Leuten Hitler und seine Bedeutung nahegebracht.* Man habe ihn ja *mit dem größten Terror mundtot gemacht, aber ausrotten kann man ihn nimmer, er ist zu tief verwurzelt.*

Maßlos ärgerte sie sich über kritische Berichte, so etwa den Leitartikel im politisch eher neutralen BAYREUTHER TAGBLATT am 12. November. Hier wurde der gescheiterte Putsch als ein »Räuberstückchen« wie in den Abruzzen bezeichnet, von »Kindern oder Kindsköpfen« ausgeführt: »Denn Wahnsinn ist es, die Berliner Reichsregierung von München aus absetzen und dort eine neue Reichsregierung einsetzen zu wollen. Solche Streiche können nur politische Kinder verüben.«

Als Winifred am Abend bei einem Konzert den Redakteur

Georg Spitzer traf, ging sie auf ihn los und fragte ihn »ganz auffällig laut«: *Herr Spitzer, warum nehmen Sie eigentlich immer eine so feindliche Haltung gegen Hitler ein?* Spitzer war überrascht, da er nichts von einer Verbindung Wahnfrieds zu Hitler wußte. Wie er weiter berichtete, sei Winifred am nächsten Morgen sogar in der Redaktion aufgetaucht und habe versucht, ihn zu überzeugen, »daß Hitlers Programm schon das Richtige für Deutschland sei und ich unrecht hätte, wenn ich diesen Mann weiterhin ... bekämpfte«. Da sich der Redakteur aber nicht belehren ließ, war sie fortan auf diese Zeitung schlecht zu sprechen und meinte noch Jahre später, das *Bayreuther Tagblatt tut sich rechts, wird von einem Zentrumsmann geleitet, von Juden unterstützt und hängt das Mäntelchen nach dem Winde. (Im November 23 waren sie ganz gemein!)* ...

Winifreds Engagement für Hitler war so auffällig, daß bald Gerüchte über eine intime Beziehung mit Hitler umgingen. Sie wehrte sich in einem offenen Brief und machte sich hierin zum Sprachrohr der Familie Wagner: *Seit Jahren verfolgen wir mit größter innerer Teilnahme und Zustimmung die aufbauende Arbeit Adolf Hitlers, dieses deutschen Mannes, der, von heißer Liebe zu seinem Vaterlande erfüllt, sein Leben seiner Idee eines geläuterten, einigen, nationalen Großdeutschland zum Opfer bringt.* Und: *Ganz Bayreuth weiß, daß wir in freundschaftlichen Beziehungen zu Adolf Hitler stehen.* Und: *Seine Persönlichkeit hat auf jeden, der mit ihm in Berührung kommt, auch auf uns, einen tiefen, ergreifenden Eindruck gemacht, und wir haben begriffen, wie ein solch schlichter, körperlich zarter Mensch eine solche Macht auszuüben fähig ist. Diese Macht ist begründet in der moralischen Kraft und Reinheit dieses Menschen, der restlos eintritt und aufgeht für eine Idee, die er als richtig erkannt hat, die er mit der Inbrunst und Demut einer göttlichen Bestimmung zu verwirklichen versucht. Ein solcher Mann, der so unbedingt für das Gute eintritt, muß die Menschen begeistern, hinreißen, mit aufopfernder Liebe und Hingebung für seine Person beseelen. Ich gebe unumwunden zu, daß auch wir unter dem Banne dieser Persönlichkeit stehen, daß auch wir, die wir in den Tagen des Glücks zu ihm standen, nun auch in den Tagen der Not ihm die Treue halten.*

Zum Zeitpunkt, als Winifred solche Elogen auf Hitler verfaßte, hatte sie ihn erst zweimal persönlich getroffen: einmal bei der Einladung bei Bechsteins in Bayreuth und das zweite Mal bei seinem Besuch in Wahnfried.

Das plötzliche politische Engagement der Schwiegertochter Richard Wagners erregte derartiges Aufsehen, daß der damalige Regierungspräsident von Oberfranken Ebersberger als Vorsitzenden der Bayreuther NSDAP zu sich rief und ihm »die Bestellung« auftrug, »er werde Frau Winifred Wagner in Schutzhaft nehmen lassen, wenn sie weiter in Versammlungen öffentlich gegen die Regierung auftrete«. Aber, so Ebersberger stolz: Winifred habe »dennoch öffentlich weiter erklärt, es werde der Tag kommen, da alles an Hitler glaube«. Die Regierung lasse die Wagners polizeilich observieren, weil sie »Treue und Anhänglichkeit zu dem Führer der NSDAP, Adolf Hitler, bekundeten und damit staatsfeindlicher Umtriebe hinreichend verdächtig erschienen«.

Laut Ebersberger sei Siegfried einer Meinung mit Winifred gewesen: »nichts hinderte diese beiden, sich offen und mutig zu Adolf Hitler und seiner Bewegung zu bekennen«. Siegfried habe in Hitler »schon den künftigen Retter Deutschlands aus tiefster Erniedrigung erkannt«: »So darf man mit Recht Siegfried Wagner als einen der ältesten Kämpfer des Führers bezeichnen. Er hielt ihm die Treue bis zu seinem Tode.« Weder Chamberlain noch Siegfried dachten daran, die junge Frau zu bremsen, ganz im Gegenteil: »Meine Frau kämpft wie eine Löwin für Hitler! Großartig!« sagte Siegfried.

Rußlandfeldzug Nachdem England nicht zu bezwingen war, sollte der Feldzug gegen Rußland die Kriegsentscheidung bringen und zudem das Lebensraum-Konzept verwirklichen, das Hitler als »heiligste Mission meines Lebens« bezeichnete. Er deklarierte daher das dazu entworfene Unternehmen »Barbarossa« als »Krieg zweier Weltanschauungen«, in dem Ritterlichkeit und traditionelle soldatische Ehrbegriffe nur Hemmnisse seien. Ziel der Eroberung sollten die Dezimierung der slawischen Bevölkerung und die »rücksichtslose Germanisierung« sein, von der Hitler schon am 3. 2. 1933 vor hohen Militärs gesprochen hatte. Über den Pakt mit Stalin setzte sich Hitler bedenkenlos hinweg. Nach Abschluß des Balkanfeldzugs (Mai 1941), der Hitlers Zeitplan für 1941 durcheinandergebracht hatte, kamen die seit Juni 1940 vorbereiteten Maßnahmen für einen Angriff auf die UdSSR zu ihrem Höhepunkt. Absicht der Operationsplanung (Weisung N. 21 vom 18. 12. 1940) war, »Sowjetrußland in einem schnellen Feldzug niederzuwerfen« und dazu bis zur Linie Archangelsk–Astrachan vorzustoßen, ehe die UdSSR ihre riesigen Reserven von 12 Mio. Soldaten mobilisieren konnte. – Zum Angriff ohne Kriegserklärung traten am 22. 6. 1941 rd. 75 % des deutschen Feldheers (3 Mio. Mann mit 3580 Panzern und Sturmgeschützen) in drei Heeresgruppen mit insgesamt 152 Divisionen an: Nord (v. Leeb) mit Stoßrichtung baltische Länder und Leningrad, Mitte (v. Bock) in Richtung Minsk–Smolensk–Moskau und Süd (v. Rundstedt) in Richtung Kiew–Dnjeprbogen. Dazu kamen finnische, ungarische, slowakische, rumänische und italienische Verbände. Der deutsche Angriff traf auf fünf sowjetische Heeresgruppen, formiert in 15 Armeen mit 149 Divisionen. Die deutsche Luftwaffe bot mit den Luftflotten 1, 2, 4 und 5 insgesamt 1945 Bomber, Stukas, Zerstörer und

Jäger auf, die Sowjetunion verfügte in den westlichen Militärbezirken über 8000 Maschinen. – Der Sommerfeldzug brachte den deutschen Armeen große Landgewinne: Baltikum, Weißrußland, Ukraine. In der Kesselschlacht von Białystok und Minsk (bis 9. 7.) gingen 324 000 sowjetische Soldaten in Gefangenschaft, bei Smolensk (bis 5. 8.) weitere 310 000, bei Kiew (bis 26. 9.) 655 000 und in der Doppelschlacht von Wjasma und Brjansk (bis 15. 10.) 673 000. Die Erfolge verleiteten Hitler früh zur Annahme, der Rußlandfeldzug sei bereits gewonnen. Vorsorge für einen Winterfeldzug hielt er nicht für nötig. Am 2. 10. trat die Heeresgruppe Mitte zum Angriff auf Moskau an und kam so gut voran, daß die sowjetische Regierung am 16. 10. die Stadt verließ und nach Kuibyschew ging. Dann aber brachten erst die Schlammperiode und nachfolgend ein Kälteeinbruch mit Temperaturen unter –30 °C den Vormarsch zum Stehen. Sowjetische Gegenoffensiven mit frischen Kräften aus Sibirien setzten ein. Gut funktionierende Spionage hatte signalisiert, daß von seiten Japans kein Angriff auf die Sowjets zu befürchten war; also wurden Divisionen aus Fernost abgezogen und auf den Kriegsschauplatz bei Moskau geworfen. Sie retteten die Hauptstadt und zwangen die Deutschen zur Aufgabe weiter Gebiete. – Der Feldzug des Jahres 1942 begann mit dem Entsatz der Kessel von Cholm und Demjansk. Es folgten die Kesselschlacht südlich von Charkow (17.–26. 5.) und die Zerschlagung der sowjetischen Stellungen auf der Krim. Dann trat das deutsche Heer am 28. 6. im Süden zur Sommeroffensive an: Die Heeresgruppe B erreichte am 3. 7. den Don bei Woronesch; auf der Krim gelang die Eroberung von Sewastopol. Aber die nun erheblich niedrigeren Gefangenenzahlen zeigten, daß der Gegner nicht geschlagen war. In einer zweiten Operationsphase wurde am 23. 7. Rostow erobert. Entgegen der bisherigen Planung befahl Hitler Operationen, die sich zugleich gegen Stalingrad und gegen den Kaukasus richten sollten. Damit waren die deutschen Kräfte überfordert, die Heeresgruppe A blieb am Terek stecken, die Heeresgruppe B erreichte

Mitte Sept. 1942 Stalingrad und wurde in wochenlange verlustreiche Häuserkämpfe verwickelt. Die Front dort bot sich der Roten Armee für eine großangelegte Zangenoperation an. Am 19. 11. brach sie über die italienischen, ungarischen und rumänischen Divisionen herein, die nördlich und südlich von Stalingrad zur Flankensicherung eingeteilt waren. Die deutsche 6. Armee wurde mit 250 000 Mann abgeschnitten. Hitler untersagte, nicht zuletzt von Görings Versprechungen einer Luftversorgung verleitet, den noch möglichen Ausbruch. Am 2. 2. 1943 kapitulierten die Verteidiger in Stalingrad. 91 000 gerieten in sowjetische Gefangenschaft, nur 6000 kehrten später heim. – Die Rote Armee drang im Winter 1942/43 überall weit nach Westen vor. In den deutsch besetzten Gebieten führten zudem die Unterdrückung und Ausbeutung der Bevölkerung durch die NS-Verwaltung zu lawinenartig anwachsenden Angriffen von Partisanen. Der letzte Versuch einer deutschen Offensive fand bei Kursk statt, wo man einen großen sowjetischen Frontbogen mit 33 Divisionen, 2000 Panzern und 1800 Flugzeugen abschneiden wollte. Der deutsche Angriff blieb jedoch nach Anfangserfolgen am 12. 7. liegen. Im Herbst mußte der Kuban-Brükkenkopf über See geräumt werden (7. 9.–9. 10.). Zu Beginn des Jahres 1944 überschritt die Rote Armee bei Sarny (Wolhynien) die ehemals polnisch-sowjetische Grenze. Zugleich brach sie endgültig den deutschen Blockadering um das seit Aug. 1941 eingeschlossene Leningrad und trat am 4. 3. in der Ukraine zur Offensive an. Die deutsche Front wich über den Pruth bis weit nach Rumänien, an die Karpaten und nach Ostgalizien zurück. Bis 12. 5. 1944 vernichteten sowjetische Truppen die abgeschnittene deutsche 17. Armee auf der Krim, deren rechtzeitige Räumung Hitler verboten hatte. Im Juni/Juli 1944 ging die deutsche Heeresgruppe, Mitte (28 Divisionen mit 350 000 Mann) unter – eine Katastrophe weit größer als die von Stalingrad. Auch im Norden drang die Rote Armee weiter vor, nahm Estland und den größten Teil von Lettland und Litauen und erreichte am 29. 7. 1944 die Rigaer Bucht. Der nächste Schlag fiel im Süden gegen die deutsche Heeresgruppe Südukraine. In wenigen Tagen wurde die neuaufgestellte deutsche 6. Armee mit 18 Divisionen zerschlagen, am 25. 8. erklärte der frühere Bundesgenosse Rumänien Deutschland den Krieg, das Ölgebiet von Ploieşti ging verloren (30. 8.), am 31. 8. fiel Bukarest. – Südosteuropa wurde schrittweise aufgegeben. Am 16. 9. 1944 besetzten sowjetische Truppen Sofia, neben der rumänischen nahm nun auch die bulgarische Armee den Kampf gegen die Wehrmacht auf. Nach dem Ausscheiden Finnlands aus dem Krieg (4. 9.) blieb Ungarn, seit 19. 3. 1944 deutsch besetzt, als letzter Bundesgenosse des Reiches übrig. Im Okt. 1944 drang die Rote Armee auch auf ungarisches Gebiet vor und eroberte einen Teil Jugoslawiens. Zwischen 12. und 14. 1. 1945 traten vier sowjetische Heeresgruppen mit 25 Armeen zur Großoffensive auf das Reich an. Die deutsche Front zerbrach, am 17. 1. zog die Rote Armee in Warschau ein, am 19. 1. in Krakau und Lodz und erreichte am 22. 1. die Oder nördlich und südlich von Breslau. Das oberschlesische Industrierevier ging verloren, und am 26. 1. riß die Landverbindung zu Ostpreußen ab. Zahllose Flüchtlingstrecks in Schlesien und Ostpreußen gerieten in das Inferno des Zusammenbruchs. Die deutsche Kriegsmarine konnte über die Ostsee noch über 2 Mio. Menschen nach Westen retten. Am 16. 4. eröffneten zwei sowjetische Heeresgruppen aus den Oderbrückenköpfen heraus die Schlacht um Berlin. Die Reichshauptstadt kapitulierte am 2. 5., und in Berlin-Karlshorst unterzeichnete Generalfeldmarschall Keitel am 8. 5. die Bedingungslose Kapitulation vor der siegreichen Roten Armee.

Stalingrad Das bis 1925 Zarizyn, seit 1961 Wolgograd genannte Stalingrad war seit den 1930er Jahren eine bedeutende sowjetische Industrie- und Handelsstadt am hohen Westufer der unteren Wolga in flacher, karger Steppenlandschaft. Die Stadt mit ihren etwa 600 000 Einwohnern (1942) spielte im Rußlandfeldzug eine Schlüsselrolle. Ursprünglich gar nicht in der Zielplanung, schien Stalingrad im Sommer

1942 plötzlich erreichbar, als Hitler die Rote Armee durch die ersten Erfolge der deutschen Sommeroffensive für so weit geschwächt hielt, daß er nun beide Ziele: Kaukasus und Stalingrad, erreichen wollte. Richtung Stalingrad ließ er die 6. Armee (Paulus) aus Nordwesten und die 4. Panzerarmee (Hoth) aus Südwesten angreifen. Die Luftunterstützung übernahm das VIII. Fliegerkorps (Fiebig). Stalingrad wurde damit zum Angelpunkt der Gesamtoffensive, was das sowjetische Oberkommando erkannte und mit dem Ausbau dieser Zone zum Verteidigungsschwerpunkt beantwortete. Unter Generaloberst Andrei Jeremenko und Politkommissar Nikita Chruschtschow wurden vor Stalingrad vier Stellungsbögen ausgebaut und sechs Armeen, zwei Panzerarmeen sowie eine Luftarmee konzentriert. Diese Massierung konnte den deutschen Einbruch in das Vorfeld von Stalingrad, den die sehr starke 6. Armee bei Kalatsch (7.–14. 8.) erkämpfte, empfindlich hemmen, aber nicht verhindern; immerhin vermochten die sowjetischen Armeen die 4. Panzerarmee bei Tinguta zu stoppen und den größeren Teil der 6. Armee in ihrer linken Flanke durch Brückenköpfe zu binden. Das deutsche XIV. Panzerkorps (v. Wietersheim), das am 23. 8. die Wolga und Stalingrad erreichte, wurde sogar vorübergehend in zwei Teile gespalten und teilweise eingeschlossen. Wegen der sowjetischen Gegenstöße aus den Don-Brückenköpfen gelang es der 6. Armee nicht, im Verein mit der 4. Panzerarmee die sowjetische 62. und 64. Armee vor Stalingrad zu fassen. Die Verteidiger mußten im frontalen Angriff verdrängt oder vernichtet werden. Von Ende August bis Mitte November kämpften sich die Deutschen in mehreren Angriffen durch die Trümmer des zerbombten Stalingrad zur Wolga durch, an der die sowjetische 62. Armee zuletzt nur noch wenige Brückenköpfe hielt, aber die deutschen Hauptkräfte band und verschliß. – Spätestens seit dem 12. 9. bereitete Stalin die Einschließung der von 250 000 auf 140 000 Mann zusammengeschmolzenen deutschen 6. Armee vor; dazu warf er sieben weitere Armeen und vier Luftarmeen an die Stalingradfront. Hitler seinerseits verstärkte die Donlinie im Okt. mit der rumänischen 4., der italienischen 8. Armee und dem XXXVIII. Panzerkorps als Rückhalt. Doch schon im ersten Anrennen durchbrachen oder vertrieben die sowjetischen Truppen am 19./20. 11. die rumänischen Verbände an beiden deutschen Flanken. Die wegen ungenügender Zufuhr in der Beweglichkeit sehr eingeschränkte 6. Armee vermochte nur noch ihre Aufrollung, aber nicht mehr ihre Einschließung zu verhindern. Bereits früher hatte Hitler Anträge von Paulus, die zur Abnutzungsschlacht degenerierte Operation abzubrechen und die exponierte Armee aus Stalingrad zurückzuziehen, kategorisch abgelehnt. So verbot er auch jetzt den Ausbruch, den Paulus vorschlug. Hitler verließ sich auf Versprechungen Görings, der behauptete, die Armee aus der Luft versorgen zu können, und ließ 13 der 23 eingeschlossenen Divisionen der 6. Armee und ein Korps der 4. Panzerarmee den Angriff wolgawärts fortsetzen. Das verbrauchte die letzten Kräfte; Winterwetter und ungenügender Luftnachschub taten ein übriges, die Bewegungsfähigkeit der 6. Armee immer weiter einzuschränken, so daß sie sich der Entsatzoperation der 4. Panzerarmee (»Wintergewitter«) im Dezember nicht mehr entgegenzukämpfen vermochte. – Nach weiteren Operationen der Roten Armee, die seit 16. 12. die italienische 8. Armee und seit 24. 12. die deutsche 4. Panzerarmee trafen, fand die deutsche Front erst nahe der Ausgangslinie vom Juli wieder Halt. Das Kaukasusgebiet mußte geräumt werden. Dennoch beharrte Hitler auf dem Halten des Stalingrad-Kessels als vorgeschobene Offensivbasis für 1943. Das Verlöschen der 6. Armee – deren hohe Moral seit der Jahreswende ins Wanken geriet – durch Kälte, Hunger, Krankheit und Kampf (Gefechtsverluste durchschnittlich bis 10. 1. 1943 rd. 650 Mann/Tag) nahm der Oberste Befehlshaber nicht zur Kenntnis. Am 31. 1./2. 2. 1943 ergaben sich die letzten Verteidiger im Kessel. Die sowjetischen Verluste in der Schlacht um Stalingrad sind unbekannt, auf deutscher Seite fielen 58000 Mann; nur 6000 der in Stalingrad in Gefangenschaft geratenen 90000 Soldaten kehrten später heim. Die deutsche Niederlage beendete den Vormarsch der Wehrmacht im Rußlandfeldzug und wurde allgemein als Wendepunkt des Krieges empfunden.

Paulus, Friedrich * Breitenau (heute zu Guxhagen, bei Melsungen) 23. 9. 1890, † Dresden 1. 2. 1957

»Der Mann hat sich totzuschießen!« tobte Hitler am 2. 2. 1943, als die Nachricht von der Kapitulation der deutschen 6. Armee in Stalingrad kam. Gemeint war der erst drei Tage zuvor zum Generalfeldmarschall ernannte Paulus, der mit noch 90000 (von einmal 250000) Mann die Waffen vor dem vielfach überlegenen sowjetischen Gegner gestreckt hatte. Er war seit 1910 Berufsoffizier und im Sept. 1940 zum Oberquartiermeister des Generalstabs des Heeres befördert worden. An der Planung des Rußlandfeldzugs beteiligt, hatte er im Sommer 1942 den deutschen Vorstoß an die Wolga geführt und war dort Opfer einer sowjetischen Zangenoffensive und des Starrsinns Hitlers geworden, der jeden Ausbruch aus dem Kessel verboten hatte. Paulus beteiligte sich in der Gefangenschaft am Aufbau des Nationalkomitees Freies Deutschland und rief die deutschen Truppen der Ostfront zum Überlaufen auf. 1953 entlassen, nahm er Wohnsitz in der DDR. 1960 erschien seine Rechtfertigungsschrift »Ich stehe hier auf Befehl«.

Carl Schüddekopf
Erlebtes Stalingrad

Zugang zu den hier porträtierten Personen erhielt ich im Sommer 1998 durch einen Zeitungsartikel, der auf meinen Versuch aufmerksam machte, mit ehemaligen Soldaten der Wehrmacht zu sprechen, die sich im Kessel von Stalingrad befunden hatten. Meine Erwartungen waren nicht sehr groß. Von den ungefähr zweihundertundneunzigtausend Männern, die zur 6. Armee gehörten, sind annähernd dreißigtausend als Verwundete oder Spezialisten ausgeflogen worden. Auch sie waren zum größten Teil nur Gerettete auf Zeit und wurden unmittelbar oder etwas später zurück an eine der Fronten geschickt. Nur annähernd neunzigtausend überlebten den Kessel und gerieten Anfang Februar 1943 in russische Gefangenschaft. Wie viele von ihnen in den späten vierziger und frühen fünfziger Jahren zurück nach Deutschland kamen, weiß niemand genau. Es wird von fünftausend Menschen gesprochen.

In den darauffolgenden zwei Wochen haben mich achtzehn Männer angerufen, von denen allerdings einer nicht selbst in Stalingrad gewesen, sondern noch immer auf der Suche nach seinem dort vermißten Bruder war. Außerdem bekam ich über Dritte Hinweise auf Verwandte oder Bekannte, die in Stalingrad gewesen waren. Schließlich haben elf zugestimmt, daß ich sie zu Hause besuchte. Den anderen war ein Gespräch über ihre unmittelbare Kriegserfahrung hinaus zuviel …

Drei der acht Männer, deren Geschichten in diesem Buch erzählt werden, gehörten zu den ersten deutschen Soldaten, die im August 1942 Stalingrad gesehen haben. Der zweiundzwanzigjährige Maschinenschlosser Otto Thalheimer aus Thüringen sieht die in der Ferne liegende schon brennende Stadt als Funker einer Transportmaschine im Anflug auf den Flugplatz Pitomnik; der neunzehnjährige Abiturient Friedrich Lohstein aus Oberschlesien erreicht als Kommandant eines Panzers die Anhöhen des Wolgaufers im Norden und kann von dort die von Rauch eingehüllten großen Fabriken nur schemenhaft erkennen, während Johann Scheins, einundzwanzig Jahre alt und Fernfahrer aus Aachen, ein paar Tage zuvor mit einigen Fahrzeugen im Niemandsland zwischen die Fronten geraten ist, plötzlich inmitten überraschter russischer Zivilisten auf einem Friedhof steht und von dort über die Holzhäuser der Vororte hinweg auf das Zentrum der Stadt blickt, die sich über mehr als fünfzig Kilometer entlang der Wolga erstreckt …

Friedrich Lohstein

… Es wurde hell, und unser Regiment trat an und nahm das Gelände, auf dem wir uns befanden, ein. Als Offizier mußte man sofort in einen intakten Panzer umsteigen, und ich war dann mit dabei, als wir dicht am nördlichen Stadtrand von Stalingrad an die Wolga durchstießen. Es war für mich ein faszinierendes Erlebnis, die Wolga zu erreichen. Wochenlang hatte man es uns eingebleut, ihr müßt die Wolga erreichen, und nun stand ich dort und sah keinen Fluß, sondern einen gigantischen Strom, gegen den der Rhein ein Rinnsal ist.

Die Steppe ging dort in Hügel über, und ich konnte auf den großen Speicher sehen und schemenhaft auf die Silhouette der Stadt. Sie brannte, und über ihr standen Rauchsäulen. Unsere Infanterie war schon in der Stadt, und die grausamen Häuserkämpfe hatten schon begonnen …

Unser Eingreifen in die Häuserkämpfe waren taktisch ganz genau gesteuert, und ich hatte das Gefühl, das ist richtig, was wir machen, wie wir eingesetzt werden, hier können wir die armen Schweine der Infanterie unterstützen. Du hast angegriffen, es war wie bei jedem Kampf eine Situation der höchsten Anspannung, aber wir wußten von Anfang an, wir werden wieder zurückgezogen, wir kommen nach dem Einsatz noch vor Ende des Tages wieder raus aus der Stadt, weil wir sonst alle geopfert worden wären. Mental ist das ein riesiger Unterschied zu all den anderen Gefechten, die man fährt, dabei erfolgreich ist, aber Ausfälle hat, und dann, weil es nicht weitergeht, sitzt du vierundzwanzig Stunden in deinem Panzer und weißt nicht, wirst du jetzt von der Gegenseite überrollt, oder mußt du nochmal vierundzwanzig Stunden sitzen, während du den Kopf besser nicht rausstreckst.

Es wurde genau festgelegt, in welchen Straßen in Stalingrad wir eingesetzt wurden. Sie sahen zum Teil aus wie die in Grosny, rechts und links fast nur noch zerstörte Häuser. Alles in Grau und Schwarz. Auch unsere Aufgabe dort war genau festgelegt. Da gab es dann ein Haus, dessen obere Stockwerke noch leidlich intakt waren, und die haben wir unter Feuer genommen, damit sich dort keine Beobachter und Scharfschützen festsetzten. Oder es ging um eine Häuserzeile, die von der Infanterie genommen werden sollte und die wir dann unter Beschuß nahmen. Die Infanterie kämpfte um Straßenzüge, um einzelne Häuser, und wenn es gar nicht mehr weiterging, tauchten wir auf.

Während wir diese Einsätze fuhren, von Mitte September bis Mitte November, fast acht Wochen lang, wurden wir dann auch von der Wolga zurückgezogen, wo nun die Grenadiere die Stellung übernahmen. Von der Stadt abgesetzt, standen wir in ständiger Alarmbereitschaft, wo wir sehr viel mit Fliegern zu tun hatten.

Die Stimmung in der Truppe war aber gut. Die Versorgung klappte. Wir waren privilegiert, nicht zuletzt, weil wir so modern ausgerüstet waren. Beklemmend war, daß die Stadt nicht genommen wurde, daß es im Gegenteil immer wieder Rückschläge gab. Weil aber bei uns der Nachschub immer klappte, weil wir immer Munition, immer zu essen, immer einen Schuß Alkohol hatten, waren wir so verrückt, daß wir dachten: Wenn Stalingrad endlich mal fällt, werden wir auf Astrachan abgedreht. Die Karten dazu hatten wir schon in den Händen und den Kaviar, den es dort gab, schon im Kopf. So verrückt war man!

Während die Tage noch warm waren, wurde es nun

nachts eisigkalt in der Steppe, und von einem Abend zum anderen Morgen hatte sie sich verwandelt in ein helles Lila, in ein Meer aus Herbstzeitlosen. Zwei Tage später begann die Einkesselung. Das war der größte Einsatz meines Panzerregiments, den ich je erlebt habe.

Als der Kessel zuging, wurden wir nach Norden geschickt. Eine unglaubliche Hektik brach aus, die Befehle überschlugen sich, innerhalb von wenigen Kilometern ging es erst hier- und dann dorthin. Überall stießen wir auf die Russen, die massiv mit Panzern, mit Panzerabwehrgeschützen, mit allem, was sie hatten, mit Artillerie und Infanterie kamen. Für uns gab es kein Durchkommen, der Druck der Russen war zu groß, und das war ebenso beunruhigend wie nicht zu wissen, was genau da vor sich ging.

Schon am nächsten Tag zog man uns wieder raus und warf uns nach Westen. Das war für uns ganz unverständlich, denn wir wußten nicht, daß der Russe auch im Süden angetreten war und daß sich die Zange um uns schloß. Nicht nur der einfache Soldat, auch der kleine Truppenoffizier wußte nicht mehr, als was um ihn herum passierte. Nach Westen sollten wir natürlich, um mit einem Panzerkeil einen Weg nach hinten offenzuhalten. Doch der Russe hat das so gut überlegt und so gut gemacht, daß die Zange zuging. Zunächst steckten wir in dem Loch zwischen den beiden Zangen, und als sie sich dann schloß, da mußten wir nach rechts und links zurückschießen, um dann noch einmal anzutreten, aber darauf waren die ja vorbereitet.

Plötzlich überfiel einen die Angst: jetzt geht es dir an den Kragen. Ich hatte noch als Unteroffizier im Sommer 1941 die große Panzerschlacht von Uman mitgemacht, wo wir sechshunderttausend Russen gefangen hatten und sahen, wie die armen Kerle in die Gefangenschaft marschierten. Nun hatte ich plötzlich das Gefühl, jetzt geht es dir selber so. Wir kannten die Härte des Krieges. Und wir hatten erfahren, daß sie sich im Häuserkampf um Stalingrad noch einmal gesteigert hatte, daß dort niemand verschont blieb. Und es gab die Propaganda vom Russen als barbarischen Untermenschen.

Wir erlebten, daß wir die Zange nicht öffnen konnten. Es kam noch ein zweites Panzerregiment dazu, aber es gelang uns beiden nicht, den Weg in die Freiheit zu öffnen. Da überfiel die ganze Truppe das Gefühl, es geht zu Ende mit uns. Jetzt mußt du alles tun, was du kannst, ein jeder muß alles tun, was er kann. Niemand fragt da mehr, warum hast du den erschossen, oder war das nötig, darauf zu schießen. Jeder, der glaubte, er könne etwas für die eigene Freiheit tun, der tat das auch. Ich habe es nicht erlebt, aber vielleicht wurde sogar gegen den Befehl geschossen, wenn man glaubte, es tat einem gut. Die Russen waren nicht anders. Sie hatten uns, diese Schweine, endlich in einer solchen Situation, und es wurde hingeschossen, wo sich auch nur ein Finger hob.

Alles, was an Panzern fahren konnte, wurde nach Westen geworfen. Und als der Ring der Russen dann endgültig zu war, erfuhren wir auch, daß wir in der Falle saßen und daß Hitler natürlich eine Armee schickt. Die berühmte Armee von Hoth, um uns herauszuholen. Wir hörten dann auch den Gefechtslärm von Hoth, und als wir ihn dann nicht mehr hörten, wußten wir, das war das Ende.

Die Panzer waren schon vorher zwischen Ende November und Mitte Dezember stehengeblieben, weil es keinen Treibstoff mehr gab. Bereits Tage nachdem wir eingeschlossen worden waren, hieß es bereits, Sprit sparen, Munition sparen, und die Panzer wurden nur noch vereinzelt eingesetzt, zwei oder drei. Jetzt mußten wir sie alle aufgeben. Einen Teil haben wir eingegraben, vorne erhöht, damit wir mit der Kanone weiter schießen konnten, wenn wir überhaupt noch Munition hatten.

Die Leute mußten jetzt zur Infanterie, und da war's besonders nett, im Schnee in Schwarz als Infanterist herumzuhüpfen. Feldgrau war allerdings auch nicht besser.

Wir waren am Westrand von Stalingrad in den Vorstädten eingesetzt. Unsere Unterstände hatten wir in den Balkas, aus denen heraus wir operierten. Diese riesigen Schluchten in der Steppe bedeuteten für uns in dieser Zeit die Aussicht auf Überleben.

Im Dezember existierte meine Panzereinheit noch, auch ohne Panzer. Ich wurde als Ordnungsoffizier eingesetzt, um im buchstäblichen Sinne für Ordnung und Disziplin zu sorgen. Wer noch laufen konnte, wer noch die Kraft hatte, der wurde eingesetzt. Und ich und andere waren es, die das überwachten und den Leuten sagten, ja, es ist gut, daß ihr jetzt woanders hinkommt, auch wenn wir auseinandergerissen werden.

Ich überwachte auch – es war schlimm – das Abreißen der Holzhäuser in Stalingrad. Es gab in der Steppe keinen Baum, keinen Strauch, nichts. Ich leitete also das ordnungsgemäße Abreißen der Häuser, deren Holz in die Öfen oder als Baumaterial in die Unterstände wanderte. Diese Abrißarbeiten lagen immer unter schwerem Artilleriefeuer der Russen, die genau wußten, wo wir auftauchen würden. Es ging eben selbst hier nach dem deutschen Ordnungsprinzip: Erst dieser und dann der nächste Stadtteil und ja nicht einer, wie er wollte. Eine grotesk anmutende Disziplin bis zum letzten Augenblick …

Mit einem letzten Aufgebot von Bäckern und Schustern, mit Leuten aus den rückwärtigen Diensten, sollte ich am 20. Januar 1943 einen Einbruch der Russen in den Kessel stoppen. Einen Einbruch, wo wir die Russen schon sehen konnten. Wir waren zwei Offiziere und führten einen Haufen von vielleicht hundert Mann, in den sie alles reingesteckt hatten, was überhaupt noch laufen konnte.

Uns wurde gesagt, wir bekommen Artillerieunterstützung. Und tatsächlich, drei Schüsse und das war's dann. Da hab ich mit meinem Leben gespielt, denn irgendwann hat man den Punkt erreicht, wo es einem beinah schon wurscht ist. Ich hab mich mit meinem Fernglas auf den Rand des Grabens gestellt, so als ob ich mir drüben die angreifenden Russen genau ansehen müßte, und dann hieß es: Auf, auf, Marsch, und die Leute mußten raus aus den Gräben.

Es passierte das, was eigentlich nicht passieren konnte, weil man sagt, das kommt nicht vor. Wir waren nun draußen auf der freien Fläche, die russische Artillerie schoß sich sofort auf uns ein, als wir in unseren dunklen Sachen, nur einen Karabiner in der Hand über den Schnee turnten. Vor mir zwei Einschläge, und ich sprang in das Loch, was sich vor mir auftat. Dann kam die nächste Salve, und es gab, was es nicht geben sollte, sie lag fast gleich, und da hat es mich in meinem Loch sehr zerfetzt. Ein Schulterblatt und das Rückgrat waren zerschossen.

Ich sah so viel Blut von mir im Schnee und spuckte auch Blut und hatte das Gefühl, jetzt ist es aus mit dir, geh zurück. Weit über den Schnee rief ein Rittmeister, der lag genau so weit vorne wie ich in der Nachbarschaft: »Arschloch! Bleib vorne!« Er hatte Angst, daß mit mir alle anderen zurückgingen.

Bis zum Graben, aus dem wir gekommen waren, bin ich selbst zurück, und dort hat sich ein Sanitäter um mich gekümmert, mich ein Stück weiter nach hinten geschleppt, und von dort aus haben sie mich schließlich in einen Erdbunker in eine der Schluchten gebracht, die aussehen, als ob Gott die Erde aufgerissen hat. In diesen Balkas waren unendlich viele Unterstände von allen Truppenteilen, weil es für die Russen sehr schwierig war, mit ihrer Artillerie da reinzuschießen oder die Bunker mit Flugzeugen aus der Luft zu treffen. Wir hatten uns dort sicher gefühlt, und deshalb war da ein Unterstand, ein Loch nach dem anderen.

In einem dieser Unterstände war zufällig mein Regimentsarzt, es war ja nicht mehr meine Einheit, alles war längst durcheinander. Beleuchtet von irgendwelchen Ölfunzeln sägte er mit einer Zigarette im Mund den Männern bei lebendigem Leib, ohne ein Betäubungsmittel Arme und Beine ab. Sie haben ohrenbetäubend geschrien, bis sie dann wegkippten und ohnmächtig wurden.

Er sah mich an und sagte: »Du stirbst nicht. Setz dich hin, ich nehme erst die anderen dran.« Zwei, drei Stunden saß ich da, aber ich war nie abwesend. Schließlich kam ich dran, und er hat mir alles, was da reingeschossen war, an Dreck, an Uniformresten, an Resten der Fellweste, das hat er mir aus den Wunden rausgekratzt, und dann hat er Lebertransalbe darauf gemacht und es irgendwie wieder zugepappt. Da gab es keinen Verbandsstoff mehr, da gab es keine sterilen Instrumente mehr, kein Morphium, es war einfach nichts mehr da.

Ich wurde weiter nach hinten gebracht, in einen Unterstand, unmittelbar am Flugplatz Gumrak, in dem mein ehemaliger Spieß und noch ein anderer lagen. Die Russen griffen mit Flugzeugen an, und die Bomben fielen so dicht, daß wir glaubten, erdrückt zu werden. Erde brach ein, und die Teelichter, die wir Hindenburglichter nannten, gingen aus. Der Angriff war vorbei, wir waren nicht verschüttet worden, und da hab ich, als ich wieder zu mir kam, gesagt: »Nun macht doch mal wieder so ein Licht an.« »Herr Leutnant, das haben wir ja«, und ich konnte es nicht sehen. Ich war während des Angriffs blind geworden.

Zu dem Zeitpunkt durften nur noch Kopfverletzte ausfliegen. Ich hatte überhaupt keine Kopfverletzung, mein linkes Schulterblatt war völlig zertrümmert, und ich war am Rückgrat verletzt, aber weil ich blind war, fiel ich darunter. Der rührende Spieß hat mir alle Stempel auf den Ausflugschein besorgt. Am 20. Januar 1943, zwei Tage nach meiner Verwundung, kam der Spieß, legte mir eine Pistole hin und sagte: »Herr Leutnant, wahrscheinlich kommen die Russen bald, jetzt oder morgen, und Sie wissen doch, wir können Sie nicht mitnehmen.« Das war wahnsinnig anständig von ihm, ich war dankbar. Ich glaubte, ich sei nicht mehr zu retten, blind und schwerverletzt. Ich wollte nicht von einem Russen erschossen oder mit dem Spaten erschlagen werden.

Ich glaube an Gott, aber da war ich mit meinem lieben Gott sehr im Zweifel. Doch nicht ich, hab ich gedacht, und du hast doch immer geglaubt, du kommst nach Hause. Da hab ich sehr an meiner Religion und meinem Glauben gezweifelt. Gott, hatte ich geglaubt, würde mich beschützen und nun doch nicht mehr. Ich hab da nicht gewußt, daß ich dort so zusammengeschossen worden war, um herauszukommen.

In der folgenden Nacht landete eine Heinkel 111 direkt

neben uns auf dem Rollfeld. Die Motoren blieben an, und der Spieß hat mich auf den Rücken genommen und in die Maschine gesetzt. Ich war blind, hatte hohes Fieber, aber ich wußte, wo ich war. So bin ich ausgeflogen worden, und der Spieß ist dringeblieben und dort umgekommen.

Ich bin von Stalingrad nach Stalino geflogen und dort in einem Feldlazarett zweimal operiert worden. Als die Front auch dort näher kam, wurde ich nach ungefähr einer Woche mit einer JU 52, mit einer richtigen feinen Lazarettmaschine, in der es Hängebetten gab, nach Dnjepropetrowsk geflogen. Da konnte ich auch wieder sehen, aber merkwürdigerweise hat mich das viel weniger bewegt, als man annehmen könnte. Ich war aber auch nur noch ein verhungertes Bündel von vierzig Kilo, hatte sehr viel Blut verloren und war so fertig, daß ich nicht mehr sehr viel wahrnahm. Ich hatte links kein Schulterblatt mehr und einen durch Schrapnells total zerfetzten Rücken und drei angebrochene Lendenwirbel, so daß ich mich kaum bewegen konnte. Die Hauptwunde ist überhaupt erst vier Jahre nach dem Krieg richtig verheilt. In Dnjepropetrowsk, in einem nun schon sehr viel besseren Feldlazarett, haben sie mich wieder zweimal operiert.

Die Front kam dann auch Dnjepropetrowsk so nahe, daß wir in dem großen Lazarett, das es dort in einer Kaserne gab, den Gefechtslärm hören konnten. Wenig später wurde das Lazarett geräumt, und ich kam mit den anderen in Viehwaggons, wo wir mit einer Decke, es war ja tiefer Winter, fast ohne Stroh auf dem nackten Holz lagen.

Stundenlang standen wir in der Station. Der Gefechtslärm kam immer näher, und wir dachten, Mensch, die kriegen den Zug hier nicht mehr raus, bevor der Russe da ist. Irgendwann kam ein junger Arzt, der noch kein Offizier war. Er hatte den Befehl, alle auszuladen, die nicht transportfähig waren. Was das hieß, war allen klar. Nachdem er mich kurz angeschaut hatte, sagte er zu mir: »Du kommst auch raus! Du mußt hierbleiben.« Ich hab versucht, noch mal dienstlich zu werden, und hab gesagt: »Hören Sie mal, ich bin Offizier, das kommt überhaupt nicht in Frage, ich bleib hier drin.« Er hat sich entschuldigt und gesagt: »Herr Leutnant, ich hab aber den Befehl, Sie auszuladen, Sie sind nämlich nicht transportfähig!« »Und ich befehle Ihnen, daß Sie mich hier im Waggon lassen.« Genau weiß ich es nicht mehr, aber drei oder vier, die sich auch wehrten, holten sie aus dem Waggon raus. Für den jungen Arzt war es schwierig, er hatte ja auch noch andere Leute dabei, Sanitäter mit Tragen.

Vielleicht eine, vielleicht zwei Stunden später, wir maulten alle, weil der Zug nicht losfuhr, kam der Mann wieder, kniete sich zu mir runter, nahm meine Hand, als ob er mir den Puls fühlte, drückte mir etwas in die Hand und flüsterte: »Wenn's nicht mehr geht, trinken.« Es waren drei Ampullen Morphium. Nachts fuhr der Zug endlich los. In jedem Waggon stand ein Kanonenofen, aber es war eisig kalt, weil wir nichts zu heizen hatten und nicht in der Lage waren, etwas zu besorgen, wenn der Zug mal hielt. In diesen Tagen hatten wir Glück, wenn wir irgendwo mal einen Becher Suppe erhielten, weiter hat sich niemand um uns gekümmert, auch medizinisch nicht. In den zwölf Tagen, die wir nach Lemberg mit dem Zug unterwegs waren, wurde mehr als die Hälfte von uns ausgeladen. Sie waren tot. Wenn ich dachte, Mensch, es geht nicht mehr, morgen früh hebt einer deine Decke hoch, und du wirst ausgeladen, weil du tot bist, dann hab ich von dem Morphium genommen und war für eine Zeitlang weg. Ich weiß nicht, ob es sonst gegangen wäre, und glaube, das hat mich gerettet. Ich war weg und konnte schlafen.

Als ich in Lemberg ausgeladen wurde, hat ein Sanitäter meinen total durchgeweichten Verband abgenommen und sich vor Ekel geschüttelt. Ich war dabei zu verfaulen, der Verband voller Maden. Doch es erschien mir in Lemberg wie im Schlaraffenland. Ein richtiges Krankenhaus, weißbezogene Betten und Schwestern mit kleinen Häubchen auf dem Kopf. Ich hatte mit so einer Welt nicht mehr gerechnet.

– Probleme der Gegenwart –

Gilles Kepel
Schwarzbuch des Dschihad

Das letzte Viertel des 20. Jahrhunderts war gekennzeichnet von der Entstehung, dem Aufstieg und Niedergang islamistischer Bewegungen – einem ebenso spektakulären wie unerwarteten Ereignis. Während das Zurückdrängen der Religion in die Privatsphäre als eine unumstößliche Errungenschaft der Moderne galt, hatte die plötzliche Ausbreitung politischer Gruppen, die den »islamischen Staat« ausrufen wollten, allein auf den Koran schworen, sich auf den Dschihad beriefen – den heiligen Kampf für die Sache Gottes – und ihre Aktivisten unter der Stadtbevölkerung rekrutierten, viele Gewißheiten erschüttert. Zunächst stießen sie auf entsetzte Ablehnung: Für die Linksintellektuellen in der islamischen Welt wie im Westen verkörperten sie eine religiöse Spielart des Faschismus, für die Liberalen das Wiederauftreten eines mittelalterlichen Fanatismus. Im gleichen Maße, wie diese Bewegungen an Bedeutung gewannen, standen ihnen viele ihrer Kritiker mit einer gewissen Ratlosigkeit gegenüber. Die Linke erkannte nach und nach, daß sie starken Rückhalt in der Bevölkerung hatte. In der Hoffnung, hier endlich die breite Verwurzelung im Volk zu finden, um die sie sich bislang vergeblich bemüht hatten, schrieben orthodoxe Marxisten und Neomarxisten den Islamisten eine starke soziale Mobilisierungskraft zu, suchten den politischen Dialog mit ihnen und konvertierten mitunter sogar. Auf der Rechten registrierte man mit Aufmerksamkeit, daß sie moralische Ordnung, Gottesgehorsam und Feindschaft gegen die Ungläubigen – also auch gegen die kommunistischen und sozialistischen »Materialisten« – predigten. Man ermunterte sie und finanzierte sie nötigenfalls großzügig. Selbst wenn die Außenwelt ihnen nach wie vor überwiegend feindselig gegenüberstand, lobten immer mehr Stimmen eine Strömung, die nach allgemeinem Dafürhalten in der multikulturellen Welt des Jahres 2000 das authentische Wesen der zeitgenössischen Muslime, die reine Wahrheit ihrer Kultur verkörperte.

Wie schon der Kommunismus und der Nationalsozialismus gaben auch die islamistischen Bewegungen Anlaß zu zahlreichen engagierten, polemischen oder apologetischen Schriften. Das ist der sichtbarste Teil der Bücher und Artikel, die ihnen gewidmet sind. Sie prägen für gewöhnlich die Meinung, die man sich über sie bildet – eine Meinung, die schnell mit Werturteilen bei der Hand ist und sich kaum die Zeit nimmt, ihren Gegenstand erst einmal gedanklich zu durchdringen. Dabei haben die islamistischen Bewegungen im Laufe der Jahre eine Fülle von Texten, Abhandlungen, Broschüren, Flugschriften und Predigten produziert. Ihre Entschlüsselung ist schwierig, denn sie setzt die genaue Kenntnis des Umfeldes beziehungsweise der Sprachen so unterschiedlicher Länder wie Malaysia, Pakistan, Algerien, Ägypten, Türkei, Iran oder Bosnien voraus – um nur einige Beispiele zu nennen. Diese Texte lieferten den Stoff für zahlreiche ausgezeichnete wissenschaftliche Monographien, die eine Fülle von Fakten aufarbeiten und nützliche Interpretationen anbieten, deren Wirkung jedoch leider auf akademische Kreise beschränkt blieb.

In diesem Buch wird das ehrgeizige Ziel verfolgt, das Phänomen des Islamismus in seiner Gesamtheit darzustellen, in seinen weltweiten Schattierungen und seiner Entfaltung in den letzten 25 Jahren. Wir möchten seine Entwicklung, das Spiel seiner verschiedenen Kräfte und die Wechselwirkungen mit seiner Umwelt sowohl in den hauptsächlich betroffenen Ländern als auch in den westlichen Gesellschaften und Staaten nachzeichnen. Denn heute, eine Generation nach seinen Anfängen, läßt sich in der Tat eine Bilanz ziehen. Wir besitzen nun den nötigen Abstand und hinreichend vielfältiges und umfassendes Datenmaterial, um die ersten Eindrücke zu korrigieren, die das Produkt unserer Neugierde und voreiligen Verallgemeinerungen auf der Basis der Analyse von – wenn auch exemplarischen – Einzelfällen waren. Vor allem können wir nun die zeitliche Dimension berücksichtigen, das heißt, wir können beobachten, wie sich die ursprüngliche Ideologie in Abhängigkeit von zufälligen Veränderungen des politischen Kontextes und von dem Verhältnis der Aktivisten zum Geld und zur Macht mit der Zeit wandelte. Schließlich läßt sich eine vergleichende Perspektive eröffnen, die uns erlaubt, von Kuala Lumpur bis Algier, von Peschawar bis Teheran die Ähnlichkeiten und Unterschiede zwischen den Dingen klar zu erkennen; dies ist die angemessenste Methode, um ein komplexes und diffuses soziales Phänomen von großem Ausmaß zu analysieren und zu verstehen.

Wir werden ein ausgedehntes zeitliches und räumliches Spektrum Schritt für Schritt durchwandern und dabei die von konkreten Erfahrungen aufgeworfenen Fragen von einer Situation auf die nächste übertragen, damit sie sich wechselseitig erhellen und so Aufschlüsse geben, die bei isolierter Betrachtung im dunkeln blieben.

Am Anfang dieses Buches steht ein sehr einfaches Problem: Einigen islamistischen Bewegungen ist es gelungen, an die Macht zu kommen, während andere (die meisten) gescheitert sind. Weshalb hat Khomeini im Iran Erfolg gehabt, während die Mörder Sadats nicht in der Lage waren, ihren »Königsmord« in eine Revolution münden zu lassen? An beiden Bewegungen haben sich verschiedene gesellschaftliche Gruppen beteiligt, in dem einen Fall haben sie sich jedoch hinter einem Geistlichen geschart, im anderen Fall überwog die Uneinigkeit. Indem die soziale Analyse die Tiefe und Komplexität der Phänomene enthüllt, widerlegt sie die gängige Meinung; denn diese projiziert vorgefaßte und kaum überprüfte Vorstellungen, die sich auf Werturteile gründen, auf eine idealisierte oder verteufelte Bewegung, die sich dadurch zu einem Phantasiegebilde ohne empirische Substanz verflüchtigt.

Vor zwanzig Jahren wäre eine solche Vorgehensweise nicht möglich gewesen. Heute ist sie unabdingbar. Denn wir gelangen ans Ende eines historischen Zyklus: Die islamistischen Bewegungen sind, wie wir sehen werden, in eine Phase des Niedergangs eingetreten, der sich seit Mitte der neunziger Jahre beschleunigt. Seine Ursachen zu interpretieren und die unmittelbaren Wirkungen sowie längerfristigen Folgen abzuschätzen ist von zentraler Bedeutung für die nahe Zukunft einer islamischen Welt, der zu Beginn des dritten Jahrtausends über eine Milliarde Gläubige angehören – mehr als dem Katholizismus. Der Islamismus zwischen dem Anfang der siebziger Jahre und dem Ende des 20. Jahrhunderts enthüllt im nachhinein die tiefgreifenden Umwälzungen in den von ihm »heimgesuchten« Weltregionen, Regionen, die erst vor einer Generation in die Unabhängigkeit entlassen wurden. Er läßt sich weitgehend als eine Negation der vorangegangenen Epoche des Nationalismus begreifen. Heute, zu Beginn des 21. Jahrhunderts, ebnet die Erschöpfung der islamistischen Ideologie und ihrer Mobilisierungskraft den Weg zu einem dritten Moment, der »Aufhebung«. In dieser nun beginnenden Phase wird die islamische Welt zweifellos geradewegs in die Moderne eintreten und dabei mit einer unerhörten Wucht mit der westlichen Welt verschmelzen – insbesondere durch die Emigrationsbewegungen und ihre Folgen als auch durch die Revolution der Kommunikations- und Informationstechnologie. Wollen wir die Folgen möglichst exakt vorhersagen, müssen wir erst einmal eine Bilanz der zurückliegenden Epoche ziehen und verstehen, weshalb der Islamismus den Nationalismus verdrängte (wobei er jedoch einige seiner Merkmale bewahrte) und weshalb beziehungsweise auf welche Weise der Niedergang des Islamismus seinerseits den Weg zu einer muslimischen Demokratie ebnen könnte, deren Grundlagen gegenwärtig erarbeitet werden.

Die Bewegung, die bereits Ende der sechziger Jahre von einigen Ideologen (dem Pakistani Maududi, dem Ägypter Saiyid Qutb und dem Iraner Khomeini) theoretisch fundiert wird, faßt erst im folgenden Jahrzehnt in den Gesellschaften Fuß. Die islamistische Epoche beginnt eigentlich kurz nach dem Jom-Kippur-Krieg von 1973, aus dem Saudi-Arabien und die anderen erdölexportierenden Staaten dank dem rasanten Anstieg des Ölpreises als Sieger hervorgehen.

Die erste Phase dieser Epoche, die des Umschwungs, wird schließlich durch die islamische Revolution von 1979 besiegelt. So wie der Iran unter Khomeini den radikalen Pol verkörpert, die Massen elektrisiert und die Entrechteten zum Kampf gegen die ungerechte Ordnung aufruft, so stellt die saudische Dynastie als Hüterin der heiligen Stätten von Mekka und Medina ihren sagenhaften Reichtum in den Dienst einer konservativen Gesellschaftsordnung; sie preist die Sittenstrenge und finanziert in deren Namen die weltweite Verbreitung aller Gruppen beziehungsweise Parteien, die sich darauf berufen. Die islamistische Bewegung zeichnet sich somit von Anfang an durch eine Dualität aus – und eben deshalb ist sie so schwer zu fassen. Man findet hier die mittellose städtische Jugend, die das Produkt der Bevölkerungsexplosion und der massiven Landflucht in der Dritten Welt ist und die erstmals die Möglichkeit erhält, lesen und schreiben zu lernen. Man findet aber auch das Bürgertum und die fromme Mittelschicht. Dabei handelt es sich zum Teil um die Nachkommen von Kaufmannsfamilien, die in den Basaren und Suks ihren Geschäften nachgegangen waren und die bei der Entkolonialisierung von den Militärs beziehungsweise den Dynastien, die damals die Macht ergriffen, ausgegrenzt wurden. Ihr gehören aber auch Ärzte, Ingenieure und Geschäftsleute an, die in die konservativen Erdölländer auswanderten, um dort zu arbeiten. Obgleich sie es rasch zu Wohlstand brachten, blieben ihnen politische Mitwirkungsrechte versagt. All diese gesellschaftlichen Gruppen – so verschieden ihre Ziele und Weltanschauungen auch sein mögen – finden im Verlauf einer Generation in der politischen Sprache der Islamisten den gemeinsamen Ausdruck ihrer unterschiedlichen Enttäuschungen und die transzendente Projektion ihrer vielfältigen Hoffnungen. Die Debatte wird von jungen Intellektuellen dominiert, die zum größten Teil naturwissenschaftliche und technische Fächer studiert haben und sich von den Ideologen der sechziger Jahre inspirieren lassen.

So stehen bereits Ende der siebziger Jahre auf der politischen Bühne der meisten islamischen Länder die wichtigsten Akteure der islamistischen Bewegung fest an ihrem Platz. Sie tauchen auch dort auf, wo Saudi-Arabien einerseits und der revolutionäre Iran andererseits erbittert um die Definition des Begriffs »Islamismus« kämpfen werden. Die Regierungen islamischer Staaten, die zwischen diesen beiden Polen stehen – Ägypten, Pakistan, Malaysia –, fördern die islamistischen Aktivisten, in denen sie Verbündete im Kampf gegen den unverwüstlich scheinenden Sozialismus sehen; allerdings gelingt es ihnen nicht immer, die von ihnen angestoßene Massenbewegung im Zaum zu halten – wie die Ermordung von Präsident Sadat durch die Gruppe »Al Dschihad« im Oktober 1981 in Kairo bezeugt.

Anfang der achtziger Jahre breitet sich der Islamismus überall in der islamischen Welt aus, wo er zum Hauptbezugspunkt der Debatten über die Zukunft der Gesellschaft wird: Die Zweideutigkeit seiner Botschaft, in der sich sowohl der bärtige Kapitalist als auch der Bewohner von Elendsvierteln wiederfinden kann, erleichtert seine Ausbreitung. In dieser zweiten Phase kommt es zu einer rasanten Expansion, aber auch zu einer Verschärfung seiner inneren Widersprüche. Seine religiöse Fundierung, die dazu führt, daß er erst im Jenseits endgültig Rechenschaft ablegen muß, gewährt ihm eine Gnadenfrist hinsichtlich seiner konkreten Erfolge. Indem der Islamismus verspricht, die gerechte Gesellschaft aus der Urzeit des Islam – den vom Propheten in Medina errichteten Staat – wiederherzustellen, verkörpert er eine Utopie, die eine um so größere Anziehungskraft ausübt, als sie sich Regimen entgegenstellt, die sowohl durch Korruption, wirtschaftlichen und moralischen Niedergang als auch absoluten Autoritätsanspruch und Unterdrückung staatsbürgerlicher Grundrechte – damals die Norm in der islamischen Welt – frühzeitig abgewirtschaftet haben.

Das starke Mobilisierungspotential des Islamismus läßt keine der regionalen Mächte gleichgültig: Einige bemühen sich, diese Kraft zu bändigen, andere, sie zu fördern, alle aber, in ihr Innerstes einzudringen. Denn die Revolution im Iran hat den Regierenden zu denken gegeben: Indem sich der Schah die gesamte Geistlichkeit zum Feind machte, isolierte er sich und beraubte sich jeglichen Rückhalts in der Gesellschaft. Khomeini obsiegte, weil er es verstand, in einer unaufhaltsamen Dynamik den Basar, die Bedürftigen und sogar die säkulare Mittelschicht zu einigen, die glaubte, diesen in ihren Augen zwar charismatischen, aber gebrechlichen Greis nach Gutdünken manipulieren zu können. Die Regime, die in den achtziger Jahren an der Macht sind, setzen alles daran, die verschiedenen sozialen Gruppierungen innerhalb der islamistischen Bewegung gegeneinander auszuspielen. Sie gewähren dem frommen Bürgertum gewisse Vergünstigungen, um es den unteren Volksschichten zu entfremden, da sie befürchten, daß wiederholte, wenn auch vorübergehende Unruhen sich zu neuen islamischen Revolutionen aufschaukeln könnten. Indem die Machthaber zahlreiche Zugeständnisse auf kulturellem und moralischem Gebiet machen, fördern sie insgesamt ein Klima der Re-Islamisierung im reaktionären Sinne des Wortes. Sie unterwerfen die säkularen Intellektuellen, die Schriftsteller und andere »verwestlichte Eliten« dem Verdikt der reaktionärsten Geistlichen in der Hoffnung, letztere würden ihren beherrschenden Einfluß auf den Staat absegnen. Saudi-Arabien spielt in diesem Prozeß eine zentrale Rolle, indem es großzügig Spenden verteilt, religiöse Bekehrungen und Treuebindungen fördert und sich durch Finanzspritzen, die über das zu dieser Zeit entstehende islamische Bankensystem laufen, die »Loyalität« der frommen Mittelschicht sichert.

Auf internationaler Ebene wird dieses Jahrzehnt von dem erbitterten Konflikt zwischen der saudischen Monarchie und dem Iran unter Khomeini beherrscht. Dem Export der Revolution, bei der sich Teheran am Vorbild der französischen und russischen Revolution orientiert, versucht Riad – inspiriert von der US-amerikanischen Containment-Politik gegen die Sowjets während des Kalten Kriegs – mit einer Politik der Eindämmung zu begegnen. In dem Krieg, den Saddam Hussein 1980 mit dem Segen der Golf-Monarchien und unter den wohlwollenden Blicken des Westens gegen den Iran anzettelt, mobilisiert der Herrscher von Bagdad, der einer säkularen Partei vorsteht, die Religion, um seinem Gegner den monopolistischen Anspruch darauf zu entreißen. Teheran wiederum setzt über seinen verlängerten Arm, die libanesische Hisbollah, auf Terrorismus und die Geiselnahme westlicher Staatsbürger, um das Kräfteverhältnis zu seinen Gunsten zu kippen, und stört die Pilgerfahrt nach Mekka.

Doch der wichtigste Schauplatz dieses Konflikts ist nun Afghanistan. Der Dschihad, den die Petromonarchien der Arabischen Halbinsel und die CIA in diesem Land finanzieren, dient ausdrücklich dem Ziel, der Sowjetunion, deren Truppen im Dezember 1979 Kabul besetzt haben, ein »Vietnam« zu bescheren, das ihren Niedergang beschleunigen soll. Außerdem sollen die radikalen islamistischen Aktivisten der gesamten Welt vom Kampf gegen den »Großen Satan Amerika« – zu dem sie Khomeini aufwiegelt – abgebracht und ihre Aggression auf die Sowjetunion umgelenkt werden. Der afghanische Dschihad ist von zentraler Bedeutung für die Entwicklung der islamistischen Bewegung. Er wird zu ihrem Anliegen schlechthin, mit dem sich alle Aktivisten, ob gemäßigt oder radikal, identifizieren. Er verdrängt im arabischen Bewußtsein die Sache der Palästinenser und symbolisiert den Übergang vom Nationalismus zum Islamismus. In Afghanistan kämpfen nicht nur die einheimischen Mudschahiddin, sondern auch »internationale Brigaden« der Dschihadisten aus Ägypten, Algerien, der Arabischen Halbinsel und Asien. Hervorragend im Guerillakrieg ausgebildet und in einem geschlossenen Milieu lebend, entwickeln sie eine Spielart der islamistischen Ideologie, die auf dem bewaffneten Kampf und extremer religiöser Strenggläubigkeit basiert. Bis 1989 sind die saudischen, pakistanischen und amerikanischen Geheimdienste überzeugt davon, diese bärtigen »Freedom Fighters«, die an dem großen Kampf gegen das sowjetische »Reich des Bösen« teilnehmen und die dem islamistischen Fanatismus eine Alternative zur iranischen Revolution eröffnen, kontrollieren zu können. In jenem Jahr erreicht die Bewegung ihre größte Ausdehnung: Beim Aufstand der Palästinenser, der Intifada, wird die PLO von der Hamas aus ihrer Vormachtstellung gedrängt; in Algerien, wo die Dritte-Welt-Bewegung ihren Ausgang nahm, entsteht die »Islamische Heilsfront« (FIS), die die ersten freien Wahlen seit der Entlassung in die Unabhängigkeit gewinnt; im Sudan putscht sich der islamistische Ideologe Hassan Turabi mit Hilfe des Militärs an die Macht.

In Afghanistan tritt die Rote Armee den Rückzug an und bestätigt so vor aller Welt den Sieg des Dschihad und seiner saudischen Paten, während Khomeini, der den Waffenstillstand mit dem Irak unterzeichnen muß, das Scheitern des Versuchs, die iranische Revolution zu exportieren, mit der berüchtigten Fatwa zu kompensieren sucht, die zum Mord an dem Schriftsteller Salman Rushdie aufruft und damit symbolisch die islamische Welt, die *umma*, auf die westliche Welt projiziert, zunächst auf Westeuropa: Gegen den britischen Staatsbürger Rushdie wird von einem iranischen Ayatollah die Todesstrafe verhängt. Im selben Jahr lösen muslimische Oberschülerinnen, die in der Schule ein Kopftuch tragen, in Frankreich eine landesweite Debatte aus, die zeigt, daß islamistische Bewegungen in der jungen Generation der Kinder von Einwanderern Fuß gefaßt haben. Der Fall der Berliner Mauer zur gleichen Zeit bildet den Auftakt zum Zusammenbruch des kommunistischen Systems, gestattet der *umma*, sich politisch jenseits des Eisernen Vorhangs auszudehnen und nach und nach in die neuen islamischen Staaten Zentralasiens, in den Kaukasus und dann nach Bosnien im Herzen Europas vorzudringen. Der Untergang der sozialistischen Heilslehre scheint einen Raum für Utopien freigemacht zu haben, in den der Islamismus sich bemüht einzudringen. Doch das Gefühl der unwiderstehlichen Expansion, das damals diese Ideologie und die Bewegungen, die sich darauf berufen, auszeichnet, ruht auf einem äußerst brüchigen gesellschaftlichen Fundament. Das Bündnis zwischen der armen städtischen Jugend und der frommen Mittelschicht, das von den Intellektuellen, welche die islamistische Doktrin erarbeiten, verkündet wird, widersteht den langwierigen Auseinandersetzungen mit den Machthabern nur schlecht. Diese bemühen sich mit wachsendem Erfolg, die beiden sozialen Gruppen innerhalb der Bewegung gegeneinander aufzuwiegeln, indem sie hinter ihrem gemeinsamen, aber vagen Willen, den islamischen Staat zu errichten und die Scharia zum Maßstab aller Dinge zu machen, die Gegenläufigkeit ihrer konkreten Interessen aufdecken.

Anders als es manche erhofft und andere gefürchtet haben, hat das letzte Jahrzehnt des 20. Jahrhunderts die Versprechungen der achtziger Jahre nicht erfüllt. Zwar hat eine brennende Aktualität so extremistische Gruppierungen wie die algerische GIA und die afghanischen Taliban oder auch den schemenhaften Osama Bin Laden an die vorderste Front der internationalen politischen Bühne befördert. In Paris und New York fanden spektakuläre Attentate statt, die von Aktivisten begangen wurden, die sich auf diese Bewegung beriefen. Dennoch beginnt der Islamismus – als Amalgam verschiedener gesellschaftlicher Gruppierungen, die durch eine gemeinsame Ideologie zusammengehalten werden – sich aufzulösen und beschleunigt so den Niedergang des Ganzen. Gewalttaten und Zerfall werden so zum Kennzeichen der neunziger Jahre.

Der Auslöser dieses Prozesses war die Invasion Kuwaits durch die Armee Saddam Husseins Anfang August 1990. Indem der Herrscher eines Landes, dessen Wirtschaft und Infrastruktur durch den achtjährigen Krieg gegen den Iran ruiniert war, diesen Krieg anzettelte, um sich des kuwaitischen Staatsschatzes zu bemächtigen, verlieh er einem Anliegen Gestalt, in dem sich viele – insbesondere mittellose – Araber und Muslime, die einen dumpfen Groll auf den Egoismus und die Prunksucht der Petromonarchien hegten, wiedererkannten. Durch die Bedrohung Saudi-Arabiens, das gezwungen war, eine internationale Allianz unter Führung der Vereinigten Staaten zu Hilfe zu rufen, untergrub Saddam die religiöse Legitimität dieser Dynastie. Die erzwungene Stationierung »ungläubiger« Truppenverbände entweihte den vermeintlich heiligen Boden dieses Landes und zerstörte auf diese Weise den Anspruch des saudischen Herrscherhauses, Hüter der heiligsten Stätten des Islam zu sein.

An der irakischen Offensive zerbrach somit der islamistische Konsens, den das saudische System so mühsam erarbeitet und den es trotz des Mahlstroms der iranischen Revolution bis dahin bewahrt hatte. Der gesamte radikale Rand der Bewegung und die arme städtische Jugend, die sich mit diesem identifizierte, wandten sich gegen das Königreich und die von ihm kontrollierten internationalen Netzwerke, in die im allgemeinen auch die fromme Mittelschicht der verschiedenen islamischen Staaten eingebunden war. Abgesehen von den abtrünnigen Splittergruppen, die sich schon 1991 im Namen Allahs auf saudischem Hoheitsgebiet gebildet hatten, offenbarte sich der Zerfall des islamistischen Konglomerats in seinem ganzen Ausmaß in der Abspaltung der Dschihadisten, der »Gotteskrieger«, die nach Afghanistan gingen und sich fortan, von ihrer Basis im pakistanischen Peschawar aus operierend, jeglicher Kontrolle entzogen und in die amerikanischen und arabischen Hände bissen, die sie einst genährt hatten. Diese Gruppen fanatisierter Dschihad-Anhänger, die zutiefst davon überzeugt waren, die Sowjetunion ganz allein bezwungen zu haben, übertrugen die afghanische Erfahrung auf die gesamte Welt und glaubten, den Sturz aller »ungläubigen« Regime beschleunigen zu können, angefangen in den islamischen Ländern einschließlich Saudi-Arabiens.

Bald nachdem Kabul im April 1992 in die Hände gewisser Mudschahiddin-Gruppen gefallen war, zerstreuten sie sich hauptsächlich in drei Länder: Bosnien, Algerien und Ägypten. In all diesen Ländern versuchten sie, den Konflikten den Charakter eines Heiligen Krieges zu geben, in dem sie dann das Kommando übernehmen würden. In Bosnien gelang es ihnen nicht, den Bürgerkrieg zu »re-islamisieren«, und das Dayton-Abkommen vom Dezember 1995 besiegelte ihr Scheitern.

In Algerien, wo sie sich den Widerstandsgruppen anschlossen, verstärkten sie zwar die Kampfkraft der islamistischen Gotteskrieger; sie propagierten jedoch eine so ultraextremistische Ideologie, daß sie schließlich von denjenigen gesellschaftlichen Kreisen abgeschnitten wurden, die ihnen ursprünglich am wohlwollendsten gesinnt waren. Auch in Ägypten entfremdeten sie sich, nachdem die erste spektakuläre Wirkung ihrer Gewalttaten verpufft war, einer Bevölkerung, die sich in den Taktiken und einer Ideologie, die in den Lagern um Peschawar ausgebrütet worden waren, nicht wiederfanden. In allen drei Fällen zeichnete sich das Scheitern schon 1995 ab – nach terroristischen Aktionen, deren technisches Gelingen sich negativ auf die politischen Absichten ihrer Urheber auswirkte. Auch in Frankreich machte sich der Einfluß der Ausbildungslager der »Afghanen« bemerkbar, wo sich auch die bestausgebildeten Aktivisten, die im Gefolge der Anschläge von 1994 und 1995 festgenommen wurden, aufgehalten hatten. Diese Abkopplung des Extremismus der Dschihadisten, die zunehmend den Bezug zur Wirklichkeit verloren und sich immer mehr gerade von jenen sozialen, politischen und kulturellen Anliegen entfernten, denen der Islamismus sein kontinuierliches Erstarken in den achtziger Jahren verdankte, hat diese Entwicklung zum Stillstand gebracht.

Die Machtergreifung der Taliban 1996 in Kabul und das, was sie an Zwangsmaßnahmen gegen Frauen und Hinrichtungen von »Sündern« ohne Gerichtsverfahren mit sich bringt, der Fanatismus radikalisierter Studenten sunnitischer Medresen (Koranschulen) in Pakistan, die aus dem gleichen Haß auf die Ungläubigen ihre schiitischen Landsleute im Pandschab und Hindus im Kaschmir massakrieren, erschrecken die Angehörigen der frommen Mittelschicht. Und die nur ein Jahr währende türkische Koalitionsregierung unter dem islamistischen Ministerpräsidenten Erbakan hat zwischen 1996 und 1997 den Zerfall des Bündnisses, das diese Mittelschicht mit der armen städtischen Jugend in der politischen Sprache des militanten Islamismus geschlossen hatte, nur noch beschleunigt.

Seit dem Frühjahr 1997 deuten einige Anzeichen darauf hin, daß mehrere der sozialen Akteure der islamistischen Koalition sich bemühen, aus der Sackgasse herauszukommen, in die sie dieses Bündnis ihrer Ansicht nach manövriert hat. Die Wahl von Präsident Khatami im Iran – gegen den Willen der herrschenden Geistlichkeit der islamischen Republik, aber mit massiver Unterstützung der nach der Revolution geborenen Jugendlichen und der städtischen Mittelschicht – ist das in symbolischer Hinsicht frappierendste Beispiel dieses Willens zum Wandel und eine Trendwende, die von nun an mit großem Nachdruck betrieben werden dürfte. Man findet weitere Beispiele in den meisten Ländern, in denen es früher einmal starke islamistische Bewegungen gab und in denen die im Niedergang begriffene Ideologie durch die Suche nach einem neuen Sozialpakt mit der säkularen Mittelschicht ersetzt wird, die einstmals verteufelt worden ist. Dieser Pakt fußt auf der Achtung der Menschenrechte und dem Bemühen um eine muslimische Form der Demokratie – ein »westlicher« Begriff, der in islamistischen Kreisen noch bis vor kurzem verfemt war.

Gilles Kepel

Zwischen Kairo und Kabul

Mittwoch, 17. Oktober [2001]

Am Polizeischalter auf dem Flughafen von Kairo erregt mein Paß mit den vielen arabischen Visastempeln das Mißtrauen des diensthabenden Beamten. Er schickt mich in ein Büro, wo der Paß genau geprüft werden soll. Dort steckt man ihn in eine Höllenmaschine, die eine Flut weißer, roter und blauer Lichter über ihn ausschüttet. Damit sollen wohl die Spuren etwaiger »Radierungen, Korrekturen, Streichungen, Überschreibungen und Hinzufügungen von Begriffen oder einzelnen Blättern« sichtbar gemacht werden, die entsprechend der Rubrik »Wichtige Hinweise« verboten sind. Der Polizeibeamte, der meinen Paß malträtiert, ist ein großer, dicker, stark schwitzender Mann, der rittlings auf einem viel zu kleinen Plastikstuhl sitzt. Ein weiterer Beamter führt an einem weißen Telefonapparat, der auf einem mit leeren Teegläsern vollgestellten Tischchen steht, ein endloses Gespräch mit seiner Mutter. Solange mein Paß einer wissenschaftlichen Überprüfung unterzogen wird, kann ich in Ruhe das Büro betrachten. Die Decke ist sehr hoch, so hoch wie die Halle des Flughafengebäudes. Eine Wand ist mit einem riesigen Foto dekoriert, das wahrscheinlich wegen seiner schieren Größe ausgewählt wurde. Es zeigt New York bei Nacht; in der Mitte thronen hell erleuchtet die beiden Zwillingstürme des World Trade Center.

Nachdem meine Unschuld festgestellt ist, kann ich in die Abflughalle zurückkehren. Dort wartet mein Freund Gamal Ghitani, der mit einer Delegation ägyptischer Schriftsteller und bildender Künstler auf dem Weg nach Frankreich ist. Wir beobachten vier sehr sportlich wirkende junge Männer, die sich in die Schlange der Passagiere vor dem Abfluggate einreihen. Halb scherzhaft sagen wir: Sie sehen fast aus wie die Luftpiraten vom 11. September auf den Überwachungskameras der amerikanischen Flughäfen. Dasselbe Auftreten. Beim Start beginnt mein völlig verängstigter Sitznachbar zu beten, ohne sich aus dem Sitz zu erheben, zwei oder drei weitere Passagiere tun es ihm nach. Das ist noch nicht die letzte Überraschung. Als wir die Reiseflughöhe erreicht haben, stehen zur Gebetszeit um die Mittagsstunde die vier jungen Männer auf, nehmen auf der Toilette die vorgeschriebenen Waschungen vor, entfalten Gebetsteppiche vor dem Notausgang und vollführen im Mittelgang die rituellen Verneigungen in Richtung Mekka. Auch Gamal hat so etwas bei Egyptair noch nicht erlebt. Mir fallen die Lubawitscher Juden ein, die im Flugzeug nach New York ihre Gebete murmelten, damals vor zehn Jahren, als ich auf Recherchereise zu Rabbi Schneerson in Brooklyn unterwegs war. Sie versuchten alle Passagiere mit dem »entsprechenden Aussehen« (auch mich ... trotz meiner gegenteiligen Beteuerungen) zu überreden, daß sie Tefillin (Gebetsriemen) anlegen sollten. Die vier arabischen jungen Männer rollen ihre Gebetsteppiche wieder zusammen, klappen ein Notebook auf und vertiefen sich in ein Computerspiel.

≈

Dienstag, 23. Oktober

Das Viertel Haret Hreik in den südlichen Ausläufern von Beirut ist ein ehemaliges christliches Dorf. Daran erinnert noch eine Kirche mit einem hohen vergitterten Tor, das Plünderer abhalten soll. Der Brunnen trägt das Zeichen der Islamischen Republik Iran, aber auch das mit einer Schablone aufgebrachte Logo der Hisbollah – den Namen der Organisation in arabischer Schrift, wobei das erste L verlängert ist zu einem Arm, der eine Maschinenpistole in die Höhe hält. Mittlerweile gibt es in dem Viertel nur noch Schiiten, die Christen sind geflohen.

Im letzten Jahr war ich zum ersten Mal hier. An allen Laternenpfählen hatte die »Partei Gottes« hyperrealistische, quälende Bilder von »Märtyrern« aufgehängt – in einheitlichem Stil, wie vergrößerte Paßbilder, alle im selben Kampfanzug, mit kurzgeschnittenem Bart, die Augen trüb. Nur Name und Gesichtszüge waren jeweils anders. Heute sind die Bilder dieser Toten verschwunden. Ich habe erwartet, daß ich in ein Stück Teheran kommen würde, wo die Frauen pflichtgemäß verschleiert sind und überall fromme Milizen und andere Tugendwächter, die sich aus dem örtlichen Lumpenproletariat rekrutieren, die Kleidervorschriften überwachen. Doch so ist es nicht. Die große Mehrheit der Frauen geht unverschleiert. Eine erkleckliche Anzahl trägt künstliches Blond, die Farbe, auf die elegante Libanesinnen ganz versessen sind. Die Hisbollah ist bürgerlich geworden. Aus der ehemals kleinen Gruppe von Terroristen, die von der Islamischen Republik Iran manipuliert wurde, die »islamische Revolution im Libanon« predigte und tief in die Geiselnahmen westlicher Staatsangehöriger in den achtziger Jahren verstrickt war, wurde später die Partei des »islamischen Widerstands«. Sie hat die Israelis und ihre Söldner in der »Armee des Südlibanon« verjagt, das Land befreit und sich eine libanesisch-nationalistische Aura zugelegt, die bis in die maronitisch-christlichen Kreise hineinwirkt. Die Hisbollah ermöglicht heute durch das Netz karitativer Einrichtungen, das sie geschaffen hat, schiitischen Zuwanderern aus ländlichen Regionen, in der Stadt zurechtzukommen und in der Politik Fuß zu fassen – ähnlich wie die französische kommunistische Partei und die Gewerkschaften in der ersten Hälfte des 20. Jahrhunderts aus den nach Lothringen und in den Norden eingewanderten italienischen und polnischen Proletariern französische Kleinbürger machten.

In den islamistischen Buchhandlungen kaufe ich Fotos von Scheich Nasrallah, dem Chef der Hisbollah. Eine Fotomontage zeigt ihn vor dem Felsendom in Jerusalem, dem Ort, den die Islamisten unbedingt wiedererobern wollen, wie er eine Maschinenpistole schwingt, die einmal israelischen Soldaten gehört hat – ein kriegerisches Vorbild, das die Massen elektrisieren soll. Ist dieses Bild realistischer als der Traum von der Diktatur des Proletariats, mit dem die kommunistische Partei ihre Anhänger bei der Stange hielt – während ihr revolutionärer Elan in der täglichen Verwaltungsarbeit in den Vorortgemeinden verpuffte? Ich weiß es nicht. In den Buchhandlungen steht viel ins Französische übersetzte islamistische Literatur, auch viele Kinderbücher sind darunter. Diese Propaganda in der Sprache von Molière ist für die Libanesen in Westafrika bestimmt, größtenteils Schiiten, die dort den Handel kontrollieren, seit sie aus der Trockenheit der Berge geflohen sind zu der Zeit, als der Libanon wie der Senegal und Guinea zum französischen Kolonialreich gehörte. Den meisten ist die arabische Sprache fremd geworden, aber sie fühlen sich dem Land und der Religion immer noch verbunden, was sich in großzügiger finanzieller Unterstützung ausdrückt. Vielleicht können sie sich damit den Platz im Paradies kaufen, den ihnen der unter bisweilen umstrittenen Umständen in Afrika angehäufte Reichtum nicht unbedingt gesichert hätte. Die imposanten, leuchtenden Gebäude aus Marmor, die karitative Einrichtungen und Krankenhäuser beherbergen, zeugen von dieser ganz besonderen Großzügigkeit und von den finanziellen Verbindungen zwischen der Diaspora und der Partei Gottes.

Ich habe eine Verabredung mit Sayyed Mohammed Hussein Fadlallah – der Titel Sayyed zeigt an, daß er seine Abstammung in direkter Linie auf die Familie des Propheten zurückführt, seinen Namen könnte man etwa übersetzen als »die Gunst Gottes«. Er galt lange Zeit als der Mentor der Hisbollah, ihr spiritueller Führer. Marie Seurat nahm mit ihm Kontakt auf, als Michel irgendwo in einer südlichen Vorstadt als Geisel festgehalten wurde, in dem Bemühen, ihren Mann freizubekommen – vergebens. Seither ist er etwas auf Distanz zur Politik gegangen, hat sich von der Partei entfernt, er kultiviert seine Rolle als Rechtsgelehrter und sein enormes theologisches Wissen. In den Augen seiner Schüler ist er ein *marja'* – eine höchste Autorität, ein Vorbild, was ihm bei den Schiiten, die ihn verehren, eine Art Unfehlbarkeit verleiht – ungefähr so, wie sie der Papst für die gläubigen Katholiken besitzt. Er spricht das kristallklare Arabisch der großen Prediger mit einem Hauch von irakischem Akzent – im Irak wurde er geboren und bis zum Alter von 18 Jahren an den heiligen Stätten der Schiiten erzogen. Wie in Arafats Hauptquartier muß ich bei der Wache mein Mobiltelefon abgeben – die Erinnerung daran, daß der israelische Geheimdienst ein präpariertes Mobiltelefon verwendet hat, um den Bombenbastler der palästinensischen Hamas, »den Ingenieur Ayyache«, zu töten, ist noch allgegenwärtig.

Unser Gespräch wird von einem Gefolgsmann aufgezeichnet, der, obwohl er kein Französisch spricht, sich erkundigt, ob er im Fernstudium Kurse am politikwissenschaftlichen Institut von Paris absolvieren kann. Sayyed Fadlallah gibt nicht viel auf Bin Laden, er hält ihn für einen jener »vergänglichen Retter« (*munqidh az zaman*), für die sich die Menschen in der Region nur allzugern begeistern – wie Nasser, Khomeini und Saddam Hussein. Er glaubt nicht, daß Bin Laden in der Zukunft eine Rolle spielen wird, dazu fehle es ihm an »Fähigkeiten« (*imkaniyyat*). Wahrscheinlich kann er keine Achtung für einen Bin Laden empfinden, dessen ultraorthodoxer Sunnismus, der aus der in Saudi-Arabien herrschenden wahhabitischen Lehre entstanden ist, den Schiiten immer ein Greuel war ...

Mittwoch, 24. Oktober

Am Haupteingang der Amerikanischen Universität in Beirut, Rue Bliss im Stadtviertel Ras Beyrouth, der ins Meer ragenden Landspitze, warte ich auf einen jungen Kollegen. Dieses Viertel hieß früher »Republik von Ras Beyrouth« – eine Art arabische Mischung aus Saint-Germain des Prés in den sechziger Jahren und einer Gelehrtenrepublik. In diesem kleinen Stück Libanon suchten all die Intellektuellen Zuflucht, die bei den verschiedenen Diktaturen in der Region in Ungnade gefallen waren, dort entwarfen sie die Welt neu in einer Mischung aus Nationalismus mit Antiimperialismus und Sozialismus, bis der Bürgerkrieg das Kartenhaus der arabischen Utopien über Nacht zum Einsturz brachte. Viele Ideen, die damals so verführerisch klangen in den verrauchten Kaffeehäusern des Viertels, in den Buchhandlungen, in denen man Bücher und Zeitschriften aus aller Welt fand, die bei den despotischen Regimen der Nachbarländer verboten waren, nährten den zerstörerischen Wahnwitz des Krieges noch weiter. Die Intellektuellen kehrten in den schützenden Kokon ihrer jeweiligen Glaubensgemeinschaft zurück, und Menschen, die einst gemeinsam begeistert Sartre, Berque oder Frantz Fanon studiert hatten, massakrierten sich schließlich gegenseitig, weil sie im anderen nur noch den Christen oder Muslim, den Maroniten, Griechisch-Orthodoxen, Drusen, Sunniten oder Schiiten sahen.

Heute erstrahlt im Umkreis der Cafés und Buchhandlungen ein neues McDonald's-Restaurant mit seinen Neonschriftzügen und demonstriert die egalisierende Macht des Hamburgers über die Studenten, die, das Mobiltelefon fest ans Ohr gepreßt, zwischen zwei Seminaren Pause machen. Wie viele haben sich wohl als Bildschirmschoner auf ihre Computer das Motiv heruntergeladen, das sich gerade besonderer Beliebtheit erfreut – Bin Laden in Großaufnahme, nach einem auf Al Dschasira verbreiteten Bild, und im Hintergrund das Flugzeug, das in einen der beiden Zwillingstürme rast? Später erzählt mir ein Kollege aus Tripoli, einer großen Stadt im Norden des Landes mit sunnitischer Bevölkerungsmehrheit, in den Entbindungsstationen erfreue sich seit dem 11. September der Vorname Osama allergrößter Beliebtheit.

Jason Elliot
Reisen durch Afghanistan

Afghanistan bedeutet einfach »das Land der Afghanen«, obwohl die wahre Identität und Herkunft der afghanischen Bevölkerung selbst nach wie vor ungeklärt ist. Bevor das Wort »Afghane« sich als Bezeichnung für diejenigen einbürgerte, die innerhalb der Grenzen des Landes leben, wurde es von Außenstehenden verwendet, um jene ethnische Gruppe zu beschreiben, die heute grob ein Drittel der Bevölkerung des Landes stellt: die berühmten Paschtunen oder Pathanen. Diese »echten« Afghanen sind schon seit mehreren Jahrhunderten als eigenes Volk bekannt, obwohl sie nur als eine von vielen Volksgruppen auf dem Gebiet des heutigen Afghanistan leben.

Die Legenden der Paschtunen führen ihren Ursprung auf Bani Israel zurück, einen Stamm wandernder Israeliten, die von Nebukadnezar aus Jerusalem vertrieben wurden und im siebten Jahrhundert den islamischen Glauben annahmen, weil sie ihn als verbesserte Erweiterung ihrer eigenen Religion betrachteten. Doch es existiert nur eine Handvoll Hinweise auf das afghanische Volk in schriftlichen Quellen, und auch die Etymologie des Namens trägt nur wenig zur Klärung dieser Frage bei.

Daneben gab es noch zahlreiche andere Völker, aus denen sich das Mosaik der afghanischen Bevölkerung zusammensetzt. Der hellhäutige, blauäugige Bauer aus den abgelegenen Bergen Nuristans und seine auffallend schöne Frau, die einen schwarzen, mit winzigen Kaurimuscheln bestickten Filzhut trägt, betrachten sich ebenso als Afghanen wie der Turkmene von der Grenze im Norden. Ihn sieht man oft mit einem Hut mit langen, gedrehten Wollzöpfen wie bei einem Schafsfell, während seine Frau, deren Augen über den stolzen Wangenknochen leicht schräg gestellt sind, eine kegelförmige Kreation auf dem Kopf trägt, einen halben Meter hoch und mit Silbermünzen und Zöpfen aus Metalldraht geschmückt. Sie sind ebenso Afghanen wie der Behsud-Hasara aus dem zentralen Hochland mit seinem flachen und glattrasierten Gesicht und den schmalen Augen, zwischen denen eine breite Nase sitzt. Dasselbe gilt für den Nursai-Paschtunen aus dem Flachland, dessen Augen wie schwarze Oliven aussehen und von langen lockigen Zöpfen und einem wallenden Bart umrahmt sind.

Innerhalb des Landes änderte sich die Unterscheidung zwischen den Völkern – linguistisch, ethnisch, religiös und den Stamm betreffend – im Laufe der Zeit. Doch jenseits der Grenzen wurden all diese Stämme schon immer unter der Bezeichnung »Afghane« zusammengefaßt, die daher eher eine geistige denn eine ethnische Herkunft benennt.

Die Grenzen des Landes wurden nie richtig definiert, was zum Teil auch die Schuld der Briten war. Afghanistan selbst ist ein relativ neuer Begriff, den das britische Weltreich aus Bequemlichkeit einführte, und wird seit höchstens hundert Jahren von den Afghanen selbst verwendet. Der afghanische König Abd ur-Rahman, der von 1900 an in Kabul regierte, nannte sein Land Jaghistan, »Land der Rebellen«. Es war der Überrest von dem, was Mitte des achtzehnten Jahrhunderts das größte muslimische Weltreich nach den Osmanen gewesen war, und erstreckte sich von Meschhed im heutigen Iran bis nach Agra (Delhi eingeschlossen) sowie vom Fluß Amudarja bis zum Arabischen Meer – Pundschab, Kaschmir, Belutschistan und Sind standen allesamt unter der Herrschaft Kabuls.

Doch zu Beginn des neunzehnten Jahrhunderts hatten sich die Russen im Norden schon große Gebiete davon einverleibt, während sich die Briten mit einem ähnlichen Heißhunger über den Süden hermachten – bis sich die beiden Weltreiche schließlich um den Hindukusch zankten wie um einen alten Knochen. Es stand viel auf dem Spiel, und so wurden die russischen wie auch die britischen Streitkräfte mobilisiert. In einem bitteren imperialen Patt und bezeichnenderweise ohne Rücksicht auf die schon lange bestehende Logik der ethnischen und linguistischen Grenzen machten sich die anglo-russischen Kommissionen in London und Moskau ans Werk und zogen Grenzen, die bis auf den heutigen Tag Bestand haben.

Davor – vor diesen verhaßten und umstrittenen Grenzen, die gelegentlich mitten durch einzelne Dörfer verliefen und die traditionellen Migrationsmuster der Völker verletzten – hatten die Afghanen ihr Land in drei oder vier verschiedene Provinzen unterteilt. Südlich des gewaltigen Hindukusch-Gebirgsmassivs befand sich Kabulistan, das dem heutigen Pakistan entspricht und zu dem auch die Hauptstadt und das Gebiet bis hin zum Indus gehörten. Die Gebiete weiter im Süden und Westen entlang der Grenze zum Iran nannte man Sabulistan oder Chorasan. Turkestan war die Bezeichnung für die Gegend östlich der Stadt Herat, zusammen mit den nördlichen Ausläufern des Hindukusch und der Ebene, die sich vom Fuß des Gebirges bis zum Amudarja an der Grenze zu Rußland erstreckt. Bis zum Zweiten Weltkrieg waren diese alten Namen noch allgemein gebräuchlich; ja, sie hallen bis in die Gegenwart hinein nach, zusammen mit den zahlreichen Problemen, die mit ihnen verknüpft sind.

Dieses kriegerische Tauziehen zwischen Rußland und England war nicht das erste seiner Art, und so entwickelte sich Afghanistan über die Jahre hinweg zu dem, was es heute ist: einem Flickenteppich aus ethnischen Gruppen und Stammesgebieten, verstrickt in ein Netz der Geschichte, dessen Fäden sich in alle Richtungen ziehen.

Kein anderes Gebiet war in der Vergangenheit so umfassend zerteilt worden, und kein anderes auf der Welt entwickelte sich zu einem derartig komplexen Schmelztiegel der Kulturen. Slawisches, indisches, persisches, türkisches, arabisches, zentralasiatisches und europiäsches Blut wurde großzügig auf afghanischer Erde vergossen und vermischte sich dort, und so hinterließen zahlreiche Kulturen – hochentwickelte wie auch barbarische – hier ihre Spuren.

Immer wieder kam es in den Tälern und auf den Pässen des Landes zu heftigen Auseinandersetzungen, die manchmal in einem harmonischen Miteinander endeten, während ein anderes Mal wiederum die Völker durch solche Kriege in kaum zugängliche Berggegenden versprengt wurden. Über Generationen der Völkerwanderung und Rassenmischung hinweg verwoben sich die alten und neuen Stämme zu einem komplexen Teppich aus Kleinstländern. Zwanzig Sprachen aus vier großen Sprachgruppen und eine Vielzahl an Nebendialekten sind darunter vertreten; viele von ihnen wußten lange nicht von der Existenz der anderen, obwohl sie alle innerhalb der Grenzen dieses relativ kleinen Landes lebten.

Der Grund dafür liegt in der Geographie des Landes: Das heutige Afghanistan war seit Beginn der schriftlichen Aufzeichnung ein natürlicher Knotenpunkt zwischen der explosiven Vielzahl der fernöstlichen, indischen, zentralasiatischen und persischen Hochkulturen. Der erste überlieferte Name für die Region stammt aus dem sechsten Jahrhundert vor Christus, als Afghanistan zu den östlichen Ländereien des achämenidischen Reiches unter Dareios dem Großen gehörte.

Griechische Autoren wie Eratosthenes, die ihre Werke zwei Jahrhunderte vor Christus verfaßten und ihr Wissen von den Persern bezogen, kannten das Land unter dem Namen Ariana. Obwohl seitdem 2000 ereignisreiche Jahre vergangen sind, spiegelt sich die klassische Einteilung der Region in sieben Provinzen in bemerkenswerter Genauigkeit auch im heutigen Afghanistan wider: Baktrien, dem grob die heutigen Provinzen Balch und Badachschan entsprechen; Margiana, der nordwestliche Teil des Landes um Murghab, heute vertreten durch die Provinzen Badghis und Farjab; Aria, die Gegend um Herat (möglicherweise das Hairawa aus dem *Awesta*, der heiligen Schrift des Zoroastrisinus) und das westliche Ende des Paropamisus-Gebirges; Ghandara, das Kabul, Dschalalabad und Peschawar mit einschließt; Sattagydia, das von Ghasni bis zum Indus reicht, und Drangiana und Garosie, die das heutige Belutschistan und Sistan umfassen und sich bis in den Süden erstrecken, zur Heimat der »Ichthyophagen« – der Fischesser – in den Küstengebieten um Makran.

In dieser Hinsicht scheint die Zeit fast stehengeblieben zu sein. Die Namen der europäischen wie einheimischen Stämme, die vor 2500 Jahren von Herodot beschrieben wurden, haben sich hartnäckig gehalten oder waren zumindest nicht dem sonst üblichen Wandel unterworfen. Die heutigen Afridis (die den britischen Truppen so sehr zusetzten) muten wie ein fernes Echo von Herodots Aparytern an, den antiken Bewohnern der siebten Statthalterschaft in der Region um die heutige südöstliche Grenze – ebenso wie die Hytenner zweieinhalb Jahrtausende hinter sich bringen mußten, um zu den heutigen Chugiani zu werden. Daneben finden sich – gleichsam wie Fliegen konserviert im Bernstein der Geschichte – die Thamanaier der Antike in den heutigen Taimam wieder, die Saranger in den Sarangai und die Sattagyden in den Schatak; vielleicht ist ja sogar das Dorf Barakai (68° O, 34° N) mit jenem baktrischen Ort identisch, den Dareios den barakaianischen Sklaven überließ, welche er in den libysch-griechischen Gebieten während seines Ägyptenfeldzugs aufgegriffen hatte …

Kabul ist ein von Bergen gesäumtes Geschichtsbuch, dessen Buchstaben sich tief in die Gesichter der Menschen eingegraben haben. Bei einem Spaziergang durch die Straßen der Stadt kann man aus den Mienen der Männer und Frauen die Spuren der Jahrtausende ablesen und wird so daran erinnert, daß man einen beispiellosen Schmelztiegel verschiedener Völker betreten hat.

In ganz Afghanistan gibt es zwanzig verschiedene ethnische Gruppen; in Kabul vermischt sich diese Vielfalt an Rassen vielleicht mehr als anderswo in der Welt. Die leuchtenden und ausdrucksvollen Gesichter seiner Bewohner berichten aus diesem Grund anschaulicher von der Vergangenheit des Landes als sämtliche schriftlichen Aufzeichnungen.

Die Geschichte hat den unterschiedlichen Völkern eine bestimmte Rangfolge zugewiesen, die weniger gesellschaftlichen als ethnischen Ursprungs ist. Wie in vielen anderen Ländern hat auch hier die Macht der Traditionen über den egalitären Geist des Islam triumphiert. Von jeher standen die Paschtunen an erster Stelle der gesellschaftlichen Hierarchie, zum einen, weil sie die größte ethnische Gruppe bilden, zum anderen aber auch, weil seit dem achtzehnten Jahrhundert ein Großteil der Herrscher des Landes aus ihren Reihen kommt. Die Paschtunen selbst sind ein Mischvolk; einige Stimmen sagen, sie seien indischen Ursprungs, andere meinen, sie stammen von den nomadisierenden Skythen der zentralasiatischen Steppen ab, die im zweiten Jahrhundert vor Christus die Griechen besiegten.

»Würde man die Welt von den arktischen Goldfeldern des Kotzebue-Sundes bis zu den Perlenfischern von Thursday Island durchstreifen«, schrieb Lowell Thomas, als er in den zwanziger Jahren die Region bereiste, »so fände man sicher keine Männer, die den Titel ›Desperado‹ mehr verdienten als die Paschtunen, die in den zerklüfteten Bergen des afghanischen Grenzgebiets leben.«

Die Paschtunen stellten ebenjene »Afghanen« dar, gegen die Großbritannien Ende des neunzehnten Jahrhunderts Krieg führte. Sie waren der lästige Störenfried während der drei britischen Besatzungsperioden des Landes; ihre militärischen Leistungen wußte der Schriftsteller Rudyard Kipling, der sich einige Zeit in den Grenzprovinzen aufhielt, ins viktorianische Bewußtsein einzumeißeln. Sie sind ein hochgewachsenes, dunkelhäutiges und – zumindest für westliche Augen – grimmiges Volk, berühmt für seine Schießkunst, seine Liebe zur Poesie, die wilde Schönheit seiner Frauen, seine Gastfreundschaft, seinen ausgesprochenen Stolz und seine ewigen Stammesfehden. Ihre Sprache, Paschtu, ein komplizierter Zweig der indogermanischen Sprachfamilie, wurde von den Engländern auch spöttisch »die Sprache der Hölle« genannt. Sie sind, grob gesagt, im südlichen Teil des Landes zu Hause, wobei Kabul die nördliche Grenze ihres Gebiets markiert. Fast ebenso viele Paschtunen leben in der nordwestlichen Grenzprovinz von Pakistan. »Zuallererst sind wir Paschtunen«, erklärte mir einmal ein Stammesangehöriger, während er nachdrücklich den Finger hob, »und zweitens sind wir Moslems. Zuletzt sind wir« – an dieser Stelle kam eine abfällige Handbewegung – »entweder Afghanen oder Pakistanis.«

Ein eher europiäsches Aussehen und einen zierlicheren Körperbau kennzeichnet die Tadschiken persischer Abstammung. Sie sind, historisch gesehen, ein weniger umstrittenes, wenn auch nicht weniger einflußreiches Volk. Ihre traditionelle Heimat ist der Nordosten Afghanistans, und ihre Sprache, Dari, ist eine afghanische Version des Persischen. In der alten Rangfolge des Landes standen die Tadschiken nach den Paschtunen auf Platz zwei der ethnischen Hackordnung. Die Tadschiken, die in Kabul lebten, waren überwiegend friedliche Händler, Beamte, Fahrer oder Hausangestellte.

Den nächsten Platz in der afghanischen Hierarchie belegten die Nuristanis. Sie stammten aus einer Gegend, die noch vor hundert Jahren als »Land der Götzendiener« bezeichnet wurde und deren Völker von jeher behaupten, von den Heeren Alexanders des Großen abzustammen. Kiplings Erzählung *Der Mann, der König sein wollte* basiert auf Legenden über die abgelegene nordöstliche Provinz, deren Dörfer zum großen Teil auch heute noch nur zu Fuß zu erreichen sind.

Wie die Tadschiken haben auch sie eine hellere Haut als die Paschtunen; schätzungsweise ein Drittel der Nuristanis sind sogar blond. Man sieht zahlreiche Männer mit hellen oder rötlichen Haaren in Kabul, und gelegentlich erhaschte ich auch einen Blick auf ein junges Mädchen mit elfenbeinfarbener Haut, blauen oder grünen Augen und Gesichtszügen, in die sich Botticelli auf der Stelle verliebt hätte. Die heidnischen Stämme der Nuristanis, die eine eigene Sprache besaßen, ihren eigenen Wein kelterten und ein komplexes Pantheon an Göttern verehrten, wurden von König Abd ur-Rahman in den letzten Jahren des neunzehnten Jahrhunderts zum Islam zwangsbekehrt. Ihre Herkunft ist nach wie vor nicht ganz geklärt, doch man geht allgemein davon aus, daß sie die ältesten Bewohner des Landes sind und über die

Jahrhunderte durch die Abgeschiedenheit ihrer Bergdörfer geschützt waren.

Sie sind nicht das einzige Volk in Kabul, von dem gemeinhin angenommen wird, daß es von früheren Invasoren abstammt. So betrachten sich die Hasaras Zentralafghanistans mit ihren hohen Wangenknochen und ihren schmalen Augen als entfernte Nachfahren der Armeen Dschingis Khans. Wahrscheinlicher ist jedoch, daß sie im vierzehnten Jahrhundert als friedliche Siedler hierherkamen. Man sieht sie erst seit relativ kurzer Zeit in großer Zahl in Kabul. Ihre charakteristischen Gesichtszüge, ihre Sprache sowie ihre Zugehörigkeit zum schiitischen Islam, der in Afghanistan in der Minderheit ist, plaziert sie auf der untersten Sprosse der gesellschaftlichen Leiter und macht sie zu Opfern anhaltender Verfolgung. Darüber hinaus begegnet man auch Turkmenen und Usbeken in der Stadt, beide mit prachtvollen Schnurrbärten und fernöstlichen Gesichtszügen. Diese Völker stammen ursprünglich aus den Grenzgebieten des Nordens und sind auch heutzutage nur selten außerhalb ihrer Heimat anzutreffen.

Als Lieblingskinder der Geschichte halten sich die Paschtunen für die rechtmäßigen Herrscher des Landes. Am anderen Ende der gesellschaftlichen Hierarchie verrichten die Hasaras in Kabul nach wie vor die schwersten körperlichen Arbeiten und steigen nur selten in höhere Positionen auf. In einem Land, in dem menschliche Beziehungen traditionell eher von Blutsbanden als von gesellschaftlichen und politischen Faktoren bestimmt wurden, waren die alten Strukturen kaum zu durchbrechen. Dies änderte sich erst in jüngster Zeit. Die Anwesenheit der Sowjets wandelte die afghanische Gesellschaft so drastisch und nachhaltig, daß im Gefolge ihres Abzugs viele etablierte Traditionen plötzlich auf den Kopf gestellt wurden. Innerhalb weniger Jahre war ein tadschikischer Befehlshaber, nämlich Masud, zu einem der einflußreichsten Männer des Landes aufgestiegen, während der usbekische Kriegsherr Dostum im Norden ein nahezu autonomes Reich aufgebaut hatte, das der Handelsmacht Kabul den Rang ablief. Auch die bescheidenen Hasaras hatten sich zu einer Militärmacht entwickelt, mit der man rechnen mußte, während sich gleichzeitig die traditionelle paschtunische Führung zutiefst zerstritt. Diese Konflikte wurden durch interne Stammesquerelen, die normalerweise im Zaum gehalten wurden, noch zusätzlich verschlimmert. So war die Frage der paschtunischen Vertretung in der Regierung unter Masud und Premierminister Rabbani – oder vielmehr die Verwirrung darüber, welche paschtunischen Gruppen nun mit einbezogen werden sollten – zum umstrittensten Thema des Tages geworden.

Der Schauplatz dieser Konflikte und Kämpfe ist nach wie vor äußerst eindrucksvoll. Das auf 2000 Meter Höhe gelegene Kabul ist eine der höchsten Hauptstädte der Welt, und in den ersten paar Tagen nach der Ankunft ist man stets ein wenig außer Atem. Die Stadt befindet sich auf einer weiten Ebene, gesäumt von gezackten Gebirgskämmen, die 3000 Meter oder höher emporragen. Das Zentrum der Stadt drängt sich um drei zerklüftete Berge: Aliabad, Koh-i Asma'i und Koh-i Scherdarwasa, das Löwentor. Zwischen ihnen schlängelt sich der Kabul-Fluß hindurch. Daneben ragen noch zahlreiche kleinere Hügel aus dem flachen Stadtgebiet empor. Sie sind übersät von alten Festungen und in jüngster Zeit von Artillerie, Panzern und Luftabwehrbatterien.

Vor dem Einmarsch der Sowjetunion beherbergte Kabul grob geschätzt eine halbe Million Menschen, doch die Kriegsjahre veränderten das Gefüge der Stadt völlig. In den achtziger Jahren schwoll die Bevölkerung aufgrund der vielen Flüchtlinge aus dem Umland auf etwa drei Millionen Menschen an, und braune Lehmsiedlungen, die durch abschüssige Pfade miteinander verbunden sind, krochen die umliegenden Hügel empor. Die meisten Häuser wurden ganz traditionell aus Holzgerüsten und Wänden aus gebrannten Lehmziegeln erbaut. Bei neueren Bauten verwendete man Beton; folglich haben die neuen Häuser auch einen anderen Charakter, obwohl man den alten Baustil imitierte.

Außerhalb des Stadtzentrums weisen die Gebäude nur selten mehr als zwei Stockwerke auf, sie dehnen sich wie ein Meer aus rechteckigen Häuserdächern in alle Richtungen aus – nur gelegentlich unterbrochen von der Kuppel einer Moschee oder einer vereinzelten hohen Pinie. Die neuesten, höchsten und fraglos häßlichsten Gebäude wurden von den Sowjets errichtet: Schornsteine, Silos und Wohnblöcke. Die auffälligsten Beispiele sind der Nadir-Schah-Mina-Komplex, ein Wohngebiet im Osten namens Microrayon und die mittlerweile zerstörten Straßenzüge um die ehemalige sowjetische Botschaft. Da sie sich so störend von der traditionellen Architektur abhoben, scheinen sie mehr als die übliche Menge an Kugeln und Raketen angezogen zu haben.

Die nördlichen Vororte dagegen sind vergleichsweise unversehrt geblieben und ziehen sich kilometerweit bis zu den Hügeln jenseits des Flughafens hin. Die westlichen und südlichen Stadtteile jedoch gehen irgendwann in zerstörte Häuserreihen über, die schließlich einfach aufhören. Den Osten der Stadt habe ich leider nie gesehen.

Es gibt kaum noch historische Gebäude in der Stadt. Die Markthalle aus dem siebzehnten Jahrhundert sprengten englische Soldaten vor 150 Jahren in die Luft, und auch das berühmteste Bauwerk von allen, die Zitadelle Bala Hisar, wurde von der britischen Armee vor ihrem Abzug zerstört. Alte, mit Zinnen versehene Mauern ziehen sich immer noch von der Zitadelle bis hoch zum Gipfel des Koh-i Scherdarwasa und dann wieder hinunter zum Fluß. Am Hang stand eine Kanone, die jeden Tag zur Mittagszeit abgefeuert wurde; während des Fastenmonats Ramadan auch vor Sonnenaufgang, weil in diesen Wochen der Verzehr von Speisen tagsüber ja verboten ist. Doch irgendwann wurde dieser Brauch wieder aufgegeben.

Die Bala Hisar ist deswegen so interessant, weil ihre Ausgrabung eines Tages vielleicht die Frage beantworten kann, ob Kabul jemals eine bedeutende griechische Siedlung war. Die ältesten Mauern scheinen bis ins sechste Jahrhundert zurückzureichen, aber wie so viele wichtige Bauten der Stadt könnten sie auf den Fundamenten eines noch viel älteren Bauwerks errichtet worden sein. Vielleicht verbirgt sich unter Kabul auch eine verlorene Stadt namens Ortospana, die von dem griechischen Geographen und Geschichtsschreiber Strabon gegründet wurde. Alexander der Große legte entlang seines blutigen Wegs nach Indien die Grundsteine für eine Reihe wichtiger Städte in Afghanistan, doch Kabul gehörte nicht dazu. Die Stadt Alexanders, die Kabul am nächsten liegt, Alexandria ad Caucasum, befindet sich in etwa achtzig Kilometern Entfernung an einem ähnlich umkämpften Standort neben der heutigen Stadt Dschabal as-Siradsch, am Zusammenfluß der Flüsse Kabul und Pandschir.

Kabul selbst lag damals abseits der wichtigsten Handelsstraßen und entwickelte sich erst im sechzehnten Jahrhundert zum Machtzentrum Afghanistans. Bestimmt zankten sich die griechischen Herrscher nach Alexanders Abzug um die Herrschaft des Kabul-Tals und seiner Umgebung, und auch die Namen auf den Münzen, die sie prägten, klingen griechisch: Diodotos, Antimachos, Demetrios, Menander, Hippostratos, Straton. Eine berühmte Sammlung griechischer Münzen, die in der Gegend gefunden wurden – die einzige Informationsquelle über die hellenischen Herrscher der Region –, wurde zusammen mit 30 000 weiteren Münzen von Kunsthändlern und ihren Handlangern aus dem Kabuler Museum geraubt.

Jahrelang war Kabul die einzige Stadt im Land mit gepflasterten Straßen. Die Arbeit daran begann bereits in den zwanziger Jahren und wurde erst in den Fünfzigern beendet, als sich die Sowjets dieser Aufgabe mit ihren unverwüstlichen Betonblöcken annahmen. Im Gegensatz zu der glatten und weicheren Oberfläche von Schotterstraßen gibt Beton unter dem Gewicht von Militärfahrzeugen mit Raupenketten nicht nach, und ich fragte mich oft, ob dies einfach nur schlechter Straßenbau war oder doch System hatte. Die Spalten zwischen den Betonblöcken werden nämlich mit der Zeit immer breiter, was die Wirbelsäule der Autofahrer extrem strapaziert. In ländlichen Gebieten, in denen die von den Sowjets gebauten Straßen jahrelang nicht gewartet wurden, verschieben sich diese Blöcke mit der Zeit, bis sie allmählich im Boden versinken und tiefe Furchen hinterlassen, in denen angeblich bei Nacht hin und wieder ganze Autos verschwinden.

Daneben gibt es noch die alten Straßen, winzige, von hohen Ziegelmauern gesäumte Gassen, in denen man das Echo der eigenen Schritte hört und sich stets ein wenig wie ein Eindringling vorkommt. Doch die Vorliebe der Afghanen für einen Garten und eine geschützte Privatsphäre führt dazu, daß die vielen, von außen unscheinbaren Mauerzüge relativ großzügige Gärten umschließen und man voller Freude und Staunen von einer staubigen und schmutzigen Gasse in eine kleine Oase voller Blumen und Sträucher tritt.

FORSCHEN UND ERKLÄREN

– Physik, Biologie, Medizin –

Richard Feynmann
Die zentrale Stellung der Physik

Physik ist nicht nur die grundlegendste und umfassendste Wissenschaft, sie übt auch nachhaltigen Einfluß auf die Entwicklungen in sämtlichen anderen wissenschaftlichen Bereichen aus. Im Grunde genommen ist Physik das heutige Äquivalent zu dem, was man als *Naturphilosophie* zu bezeichnen pflegte und aus dem der Großteil unserer modernen Naturwissenschaften erwuchs. Auch Studenten zahlreicher anderer Fachgebiete beschäftigen sich mit Physik, da sie für alle Phänomene von grundlegender Bedeutung ist. In diesem Kapitel wollen wir zu erklären versuchen, mit welchen elementaren Problemen andere Wissenschaften sich beschäftigen; allerdings ist es natürlich unmöglich, sich auf so beschränktem Raum eingehend mit den vielschichtigen, verwickelten, wunderschönen Untersuchungsgegenständen dieser anderen Bereiche auseinanderzusetzen. Der eng gesteckte Rahmen unserer Vorlesung läßt leider auch keine Erörterung der Beziehung zwischen Physik und den Ingenieurwissenschaften, der Industrie, der Gesellschaft, Krieg, nicht einmal das höchst bemerkenswerte Verhältnis zwischen Mathematik und Physik zu. (Von unserem Standpunkt aus handelt es sich bei Mathematik nicht um eine Wissenschaft, und zwar insofern nicht, als sie keine *Natur*wissenschaft ist. Der Prüfstein für ihre Gültigkeit ist nicht das Experiment.) Zudem müssen wir von vornherein klarstellen, wenn etwas keine Wissenschaft ist, dann ist es deswegen nicht unbedingt etwas Minderwertiges. Beispielsweise ist Liebe keine Wissenschaft. Wenn wir also sagen, etwas sei keine Wissenschaft, dann heißt das nicht, daß irgend etwas damit nicht stimmt; es bedeutet lediglich: es ist keine Wissenschaft.

Die am tiefgreifendsten von der Physik beeinflußte Wissenschaft ist wohl die Chemie. Historisch gesehen befaßte Chemie sich anfangs nahezu ausschließlich mit der mittlerweile so bezeichneten anorganischen Chemie, der Chemie von Substanzen, die in keinerlei Zusammenhang mit lebenden Dingen stehen. Es bedurfte beträchtlicher analytischer Anstrengungen, um derart viele Elemente und die Beziehungen zwischen ihnen zu entdecken – wie sie die verschiedenen relativ einfachen Verbindungen bilden, die wir in Felsen, Erde und so weiter finden. Für die Physik war diese frühe Chemie von großer Bedeutung. Die gegenseitige Befruchtung der beiden Wissenschaften war beträchtlich, da die Theorie der Atome weitgehend durch chemische Experimente erhärtet wurde. Die Theorie der Chemie, das heißt der Reaktionen, wurde großteils in Mendelejews Periodensystem zusammengefaßt, das zahlreiche merkwürdige Beziehungen zwischen den verschiedenen Elementen erkennen ließ; die Sammlung von Regeln, welche Substanz sich wie mit welcher verbindet, begründete die anorganische Chemie. Letztlich lassen sich alle diese Regeln im Prinzip mittels der Quantenmechanik erklären – theoretische Chemie ist also in Wirklichkeit Physik. Allerdings muß man betonen, diese Erklärung gilt nur *im Prinzip*. Daß es einen Unterschied macht, ob man nur die Spielregeln kennt oder ob man auch wirklich in der Lage ist, Schach zu spielen, haben wir bereits erwähnt. Es kann daher durchaus sein, daß wir zwar die Regeln kennen, aber trotzdem nicht besonders gut spielen können. Im Endeffekt ist es sehr schwierig, genau vorherzusagen, was bei einer bestimmten chemischen Reaktion geschieht. Dennoch werden die grundlegendsten Fragen der theoretischen Chemie immer zur Quantenmechanik zurückführen …

Der andere Teilbereich der Chemie ist die *organische Chemie*, die Chemie der Substanzen, die mit allem Lebendigen zu tun haben. Eine Zeitlang glaubte man, die Stoffe, die in Lebewesen vorkommen, seien so wundersam, daß sie nicht von Hand und aus anorganischen Bestandteilen zusammengesetzt werden könnten. Dies ist mitnichten der Fall – es handelt sich um genau die gleichen Substanzen wie die in der anorganischen Chemie hergestellten; allerdings sind die beteiligten Atome auf weit kompliziertere Weise angeordnet. Es liegt auf der Hand, daß die organische Chemie eng mit der Biologie zusammenhängt, die ihr diese Substanzen liefert, ebenso mit der Industrie; zudem kann vieles aus der Physikochemie und der Quantenmechanik auf organische wie auch anorganische Verbindungen angewandt werden. Das betrifft jedoch nicht die Schlüsselfragen der organischen Chemie; diese drehen sich vielmehr um die Analyse und Synthese der Substanzen, die sich in biologischen Systemen, in Lebewesen also, bilden. Und das wiederum führt nahezu unmerklich, in kleinen Schritten, zur Biochemie und dann zur Biologie und Molekularbiologie.

Biologie

Und damit sind wir bei der Biologie angelangt, der Wissenschaft, die lebende Dinge erforscht. In der Frühzeit der Biologie mußten die Biologen sich mit dem Problem der bloßen Beschreibung befassen, mußten herausfinden, *was es an* Lebendigem gibt, und diese Dinge schlicht zählen. Nachdem dies, beflügelt von großem Interesse, geklärt war, wandten die Biologen sich den *Mechanismen* in Lebewesen zu, anfangs – verständlicherweise – nur in groben Umrissen, denn es bedarf einiger Mühe, hier ins Detail zu gehen.

In einer frühen Phase bestand eine interessante Beziehung zwischen Physik und Biologie: Die Biologie half der Physik bei der Entdeckung des Gesetzes von der *Erhaltung der Energie*, das als erster Mayer in Zusammenhang mit der Wärmemenge, die von einer lebenden Kreatur aufgenommen und abgegeben wird, demonstrierte.

Wenn wir die in lebenden Tieren ablaufenden biologischen Prozesse genauer betrachten, stellen wir fest, bei vielem handelt es sich um physikalische Phänomene: Blutkreislauf, Pumpen, Druck und so weiter. Sodann die Nerven: Wir wissen, was passiert, wenn wir auf ein spitzes Steinchen treten, und daß diese Information auf irgendeine Weise durch das Bein nach oben weitergeleitet wird. Wie dies geschieht, ist recht interessant. Im Rahmen ihrer Untersuchung der Nerven sind die Biologen zu dem Schluß gekommen, daß es sich dabei um ungemein feine Röhrchen oder Schläuche, umhüllt von einer dünnen Wand aus Bindegewebe, handelt. Durch diese Wand pumpt die Zelle Ionen, und – wie bei einem Kondensator – befinden sich auf der Außenseite positive, auf der Innenseite negative Ionen. Diese Membran hat eine auffällige Eigenschaft: »Entlädt« sie sich durch eine Stelle, das heißt, können einige Ionen an einer Stelle durchbrechen, so daß hier die elektrische Spannung abnimmt, macht diese elektrische Beeinflussung sich bei den Ionen in der Umgebung bemerkbar und wirkt sich auf die Membran in der Weise aus, daß sie auch an angrenzenden Stellen Ionen durchläßt. Dies wiederum wirkt sich ein Stückchen weiter aus und so fort. Auf diese Weise entsteht eine Welle der »Durchlässigkeit« der Membran entlang der Nervenfaser, wenn diese an einem Ende »erregt« wird, weil man auf ein spitzes Steinchen getreten ist. In gewisser Weise ist dies der Aneinanderreihung senkrecht stehender Dominosteine vergleichbar: Wird der letzte in der Reihe umgeworfen, stößt er den nächsten an und so weiter. Natürlich wird dabei nur eine Nachricht übermittelt, außer man stellt die Dominosteine erneut auf. Ähnliche Prozesse laufen in der Nervenzelle ab, mit denen die Ionen langsam wieder hinausgepumpt werden, um den Nerv für den nächsten Impuls aufnahmebereit zu machen. Aus diesem Grund wissen wir, was wir tun (oder doch zumindest, wo wir uns befinden). Die mit diesem Nervenimpuls zusammenhängenden elektrischen Effekte kann man natürlich mit Hilfe elektrischer Geräte feststellen. Und da es sich in der Tat um elektrische Effekte handelt, ist die Physik elektrischer Einflüsse ganz offensichtlich für ein Verständnis dieses Phänomens von wesentlicher Bedeutung.

Genau das Gegenteil findet statt, wenn von irgendeiner Stelle im Gehirn eine Botschaft durch einen Nerv gesandt wird. Was passiert dann am anderen Ende? Dort verzweigt der Nerv sich in dünne, kleine Dinger, die mit einer sogenannten Endplatte in der Nähe eines Muskels verbunden sind. Aus Gründen, die wir nicht genau verstehen, werden, sobald der Impuls das Nervenende erreicht, kleine Mengen einer Acetylcholin genannten chemischen Substanz abgefeuert (jeweils fünf bis zehn Moleküle gleichzeitig); sie wirken auf die Muskelfaser ein: bringen sie dazu, sich zusammenzuziehen – ganz einfach! Was veranlaßt den Muskel, sich zusammenzuziehen? Ein Muskel besteht aus einer Vielzahl dicht aneinandergelagerter Fasern, die zwei verschiedene Substanzen, Myosin und Actomyosin, enthalten; den Mechanismus, wie die durch das Acetylcholin ausgelöste chemische Reaktion die Ausmaße des Moleküls modifiziert, kennt man noch nicht. Die grundlegenden Prozesse, die im Muskel ablaufen und mechanische Bewegungen auslösen, sind also noch unbekannt …

Astronomie

Fahren wir mit unserer Erklärung der Welt im Sturmschritt fort und wenden wir uns nun der Astronomie zu. Die Astronomie ist älter als die Physik. Sie legte sogar den Grundstein zur Physik, da sie auf die wunderschöne Einfachheit der Bewegung der Sterne und Planeten hinwies; deren Verständnis war der *Beginn* der Physik.

Die bemerkenswerteste Entdeckung in der gesamten Astronomie ist, *daß die Sterne aus Atomen bestehen, die von der gleichen Art sind wie die auf der Erde*. Wie kam man da dahinter? Atome setzen Licht frei, das bestimmte Frequenzen hat, etwa der Klangfarbe eines Musikinstruments vergleichbar, das eine bestimmte Tonlage oder Klangfrequenzen hat. Wenn wir verschiedenen Tönen lauschen, können wir sie unterscheiden, doch wenn unsere Augen eine Farbmischung betrachten, können wir die einzelnen Bestandteile, aus denen sie sich zusammensetzt, nicht unterscheiden, da das Auge in diesem Zusammenhang bei weitem nicht so empfindlich ist wie das Gehör. Mit einem Spektroskop *können* wir jedoch die Frequenzen von Lichtwellen sehr wohl analysieren und auf diese Weise die Abstimmung der Atome in den verschiedenen Sternen sehen. Tatsächlich wurden zwei chemische Elemente auf einem Stern entdeckt, ehe man sie auch auf der Erde nachweisen konnte: Helium fand man in der Sonne – daher auch sein Name –, und Technetium wurde in bestimmten kalten Sternen entdeckt. Daß sie aus der gleichen Art von Atomen bestehen, wie wir sie auf der Erde finden, erleichtert uns natürlich das Verständnis der Sterne. Über Atome wissen wir eine ganze Menge, insbesondere wie sie sich bei sehr hohen Temperaturen, aber nur geringer Dichte verhalten; daher können wir mit Hilfe der statistischen Mechanik auch das Verhalten stellarer Substanzen analysieren. Selbst wenn wir diese Bedingungen hier auf der Erde nicht nachstellen können, sind wir doch oft in der Lage, anhand der grundlegenden physikalischen Gesetze genau oder in sehr guter Näherung zu sagen, was passieren wird.

Die Physik hilft also der Astronomie. So seltsam dies auch erscheinen mag, wir verstehen die Verteilung von Materie im Inneren der Sonne weit besser als das Erdinnere. Was im *Inneren* eines Sterns abläuft, ist uns um vieles klarer, als man angesichts der Erschwernis, durch ein Teleskop einen winzigen Lichtpunkt betrachten zu müssen, meinen möchte. Denn meistens können wir *berechnen*, wie die Atome in den Sternen sich unter bestimmten Voraussetzungen verhalten sollten …

Wenden wir uns nun dem zu, was man als die *Wissenschaften von der Erde* oder *Geologie* bezeichnet. Zuerst zur Meteorologie und zum Wetter. Natürlich handelt es sich bei den *Instrumenten*, deren sich die Meteorologen bedienen, um physikalische, im Lauf der Entwicklung der experimentellen Physik ersonnene Apparate; das haben wir bereits an früherer Stelle geklärt. Den Physikern gelang es jedoch nicht, eine zufriedenstellende Theorie der Meteorologie auszuarbeiten. »Na ja«, sagen Sie jetzt vielleicht, »wir haben nichts weiter als Luft, und wir kennen die Gleichungen dafür, wie Luft sich bewegt.« Stimmt. »Wenn wir also die Luftverhältnisse von heute kennen, wieso können wir dann nicht die von morgen ausrechnen?« Erstens wissen wir nicht *wirklich*, welche Luftverhältnisse heute herrschen, da die Luft überall umherwirbelt und -strömt. Sie reagiert höchst empfindlich und erweist sich sogar als instabil. Haben Sie je Wasser ruhig über eine Staustufe fließen und dann in eine Unmenge von Tropfen und kleinere Wassermengen zerstäuben sehen, sobald es nach unten fällt? Nun, dann wissen Sie, was ich unter instabil verstehe. Sie kennen den Zustand des Wassers, ehe es über die Dammschwelle rinnt; es fließt völlig ruhig dahin. Doch in dem Augenblick, da es nach unten stürzt, wo beginnen da die Tropfen? Was bestimmt, wie groß die »Wasserklumpen« sind und wo sie sich befinden? Man weiß es nicht, denn Wasser ist instabil. Selbst eine ruhig dahinströmende Luftmasse verwandelt sich, sobald sie einen Berg überquert, in komplizierte Luftwirbel und -strudel. Übrigens finden wir diesen Zustand einer *turbulenten Strömung*, den wir noch nicht analysieren können, in vielen Bereichen. Wenden wir uns also schnell vom Thema Wetter ab und der Geologie zu!

Die grundlegende Frage in der Geologie lautet: Was macht die Erde so, wie sie ist? Die offenkundigsten Vorgänge spielen sich unmittelbar vor Ihren Augen ab: die Erosion durch Flüsse, Wind und so weiter. Diese zu verstehen ist nicht weiter schwierig, doch im Gegenzug zu jeder noch so geringen Verwitterung läuft in gleichem Maße etwas anderes ab. Die Berge sind heute im Durchschnitt nicht niedriger als früher. Es müssen daher irgendwelche gebirgsbildenden Vorgänge stattfinden. Wenn Sie Geologie studieren, werden Sie feststellen, es existieren in der Tat solche Prozesse sowie Vulkanismus, die kein Mensch versteht, die jedoch die Hälfte der Geologie ausmachen. Das Phänomen Vulkane ist bei weitem noch nicht geklärt. Und letztlich versteht man auch nicht, wie es zu einem Erdbeben kommt. Man weiß, irgend etwas stößt irgend etwas anderes an, das auseinanderbricht und ins Rutschen gerät – so weit, so gut. Doch was schiebt und warum? Laut einer Theorie gibt es im Erdinneren Strömungen – aufgrund des Temperaturunterschieds zwischen drinnen und draußen zirkulierende Strömungen –, die durch ihre Bewegung die Oberfläche leicht verschieben. Befinden sich also zwei einander entgegengesetzte Zirkulationen dicht nebeneinander, dann wird in der Gegend, wo sie aufeinandertreffen, Materie angesammelt und zu Bergketten aufgeschoben, die unglücklicherweise unter starker Spannung stehen und so Vulkane entstehen lassen und Erdbeben auslösen.

Und was ist mit dem Erdinneren? Man weiß ziemlich genau über die Geschwindigkeit von Bebenwellen durch die Erde und die Dichteverhältnisse der Erde Bescheid. Allerdings gelang es den Physikern nicht, eine wirklich aussagekräftige Theorie zu entwickeln, welche Dichte eine Substanz bei den Druckverhältnissen, wie man sie im Erdinneren erwartet, haben sollte. Mit an deren Worten: Wir können die Eigenschaften von Materie unter solchen Bedingungen kaum berechnen. Was die Erde betrifft, stellen wir uns weit ungeschickter an als bei den Zuständen von Materie in den Sternen. Die dazu erforderliche Mathematik ist offenbar ein wenig zu kompliziert, zumindest bisher, doch vielleicht dauert es nicht mehr allzu lange, bis irgend jemandem klar wird, daß es sich hier um ein gewichtiges Problem handelt, und dieser Jemand sich daranmacht, es wirklich zu lösen.

Hubert Markl
Lebenswissenschaften

In Deutschland und weit darüber hinaus, aber nirgends so grundsätzlich und erhitzt, ist eine weltanschauliche Auseinandersetzung über Natur und Wesen des Menschen und daraus folgend über seine Rechte und Pflichten in Gang gekommen, die von profunder Bedeutung für das Selbstverständnis aller Menschen und die Grundlagen ihrer gemeinschaftlichen Lebensgestaltung ist. Dieser Auseinandersetzung, deren Reichweite weit über die eher begrenzt bedeutungsvollen Anlässe von Stammzellenforschung oder Präimplantationsdiagnostik hinausgeht, kann und darf sich der Präsident der Max-Planck-Gesellschaft allein deshalb nicht entziehen, weil es dabei auch um die Grundsatzfragen der untrennbaren Verbindung von Freiheit und Auftrag von Wissenschaft und Forschung geht. Ich selbst will mich dem aber auch ganz persönlich nicht entziehen, weil ich als Biologe den damit verbundenen Problemen zuallerletzt ausweichen möchte.

Dabei kann es allerdings leider nicht ausbleiben, daß ich mich in dem einen oder anderen Streitpunkt nicht völlig in Übereinstimmung mit dem wiederfinde, was Bundespräsident Johannes Rau in seiner beeindruckenden Grundsatzrede – manche sprachen gar von Levitenlesung – vom 18. Mai 2001 dazu gesagt hat, obwohl ich vielen seiner Aussagen sehr zustimme. Glaube niemand, daß es mir leichtfällt, gleichzeitig den ökumenisch vereinten deutschen Bischofskonferenzen, den Partei- und Fraktionsvorsitzenden von CDU, CSU und Grünen, dem biopolitisch gleichstimmigen Chor deutscher Feuilletons und dann sogar auch noch dem Bundespräsidenten zu widersprechen, als frecher Hecht im dicht an dicht besetzten Karpfenteich moralischer Hochgesinnung. Aber dann dachte ich an Harry Truman (frei nach Rabbi Hillel, ich danke Michael Wolffsohn für den Hinweis): »Who, if not you? When, if not now? Tomorrow you will be gone!« Glücklich das Land, in dem ein einfacher Max-Planck-Präsident einem hochgeschätzten Bundespräsidenten öffentlich widersprechen darf, gleichsam von Bürger Markl zu Bürger Rau. Denn in Fragen von Gewissen, Moral, Freiheit, Verantwortung und Menschenwürde muß jeder Bürger sein eigener Experte sein und von der Freiheit der Meinungsäußerung nach bestem Wissen und Gewissen selbst Gebrauch machen.

Das alles bezieht sich selbstverständlich darauf, daß derzeit wirklich die Lebenswissenschaften »Hochkonjunktur« haben. Nach der BSE-Krise, Stichwort: Tut Buße, eßt Grünzeug; nach MKS-Hekatomben-Brandopfern für die Agrarmärkte; nach Pflichtpanik über Pflanzen mit Genen; nach Bedrohung der globalen Biodiversität; nach nicht nur schwarzafrikanischer HIV-Katastrophe; und dann auch noch Stammzellenforschung, therapeutisches Klonen und Präimplantationsdiagnostik von Erbkrankheiten? Wie angenehm erscheint da manchem im Rückblick das Jahrhundert der Physik! Alles zusätzlich überwölbt von biogenen Medienspektakeln sondergleichen: Als nämlich Craig Venter wie Mose vom Datenberg herabstieg, die mit 3,2 Milliarden Nukleotiden beschrifteten Festplatten in der Hand – und siehe da, das Volk tanzte zwar mit Jubelgesängen aller Feuilletons und Wirtschaftskommentatoren um das Goldene Kalb, aber es war das entschlüsselte Genom selbst, um das es tanzte. Wen kümmerte es da noch, daß es nur teilentschlüsselt war und – wie sich nun herausstellt – in vielen Teilen auch noch nicht einmal ganz richtig und von vorne bis hinten kaum verstanden?

Die biotheologischen Übertreibungen konnten gar nicht groß genug ausfallen: Die Handschrift Gottes habe man entziffert, als sei's die neueste Auflage seines Neuen Testaments. Nun ja, wenn die Bibel das Buch ist, in dem Menschen Gott beschrieben haben, dann liegt der Umkehrschluß für den nicht fern, der meint, daß die Gene die Schrift sind, in der Gott (oder die Natur) das Wesen des Menschen formuliert hat.

Ein Jahr der Lebenswissenschaften also wirklich, denn so viel bleibt von alledem doch richtig: Selten haben Biologen oder Mediziner in so kurzer Zeit so viel Neues über die Grundlagen des Lebens und über unsere Möglichkeiten, solches Wissen anzuwenden, gelernt. Und niemals zuvor hat eine so breite Öffentlichkeit zumindest so weit davon Notiz genommen, daß so viel Neues und Unverstandenes die ureigensten Privatentscheidungen von Essensauswahl bis Kinderwunsch, von Lebensversicherung bis Arbeitsplatz betrifft und daher alle gemeinsam angstvoll und hoffnungsvoll verunsichert. Da der rasche, auch für die Wissenschaftler selbst kaum überschaubare Fortschritt der Forschung diese Wechselgefühle von Angst und Hoffnung hervorruft, müssen wir diese Verunsicherung ernst nehmen und Verständnis dafür aufbringen. Mehr noch: Die kontroverse und öffentliche Debatte darüber ist unumgänglich. Die sich manchmal überschlagenden Stimmen der Medien sind unvermeidlicher, sogar unverzichtbarer Teil einer öffentlichen, freien Auseinandersetzung mit den sich überstürzenden Neuerungen. Viele Befürchtungen werden sich als übertrieben herausstellen, viele Hoffnungen genauso.

Wir sollten uns auch nicht darüber wundern, wie groß das Verlangen vieler Menschen nach klaren Wegweisungen und Grenzziehungen ist, möglichst aus berufenem Mund und möglichst unbezweifelbar in ewigen Werten und Wahrheiten verankert. Der Wunsch danach ist einsichtig, aber er wird die Menschen von den Zweifeln und Mühen eigenen kritischen Urteils nicht befreien können. Kein noch so sorgfältig argumentierender Ethikrat, dessen Argumente wir übrigens doch erst einmal hören sollten, ehe wir sie gleich vorweg verdächtigen, kann uns davon befreien, uns selber in entscheidenden Fragen für eigenes Urteil kundig zu machen. Und wer mit gutgemeintem moralischem oder juristischem Machtwort die verwirrten Debatten beenden möchte, wird merken, daß sie gerade deshalb weitergehen. Denn wo ein jeder Mensch im eigenen Innersten berührt ist, da ist er letztlich selbst für seine Gewissensentscheidungen verantwortlich, solange wir in einer Gesellschaft leben, die darauf begründet ist, in der Gewissensfreiheit jedes einzelnen den Kern der Würde jedes Menschen zu achten. Letzten Endes geht es dabei immer darum: *Was ist der Mensch?* Die streitige Erörterung dieser Frage ist inzwischen so weit fortgeschritten – obwohl die Frage die Menschheit begleitet, seit sie sich ihrer bewußt geworden ist –, daß sich so mancher Lebenswissenschaftler bald nur noch in Begleitung eines Verfassungsjuristen und Moraltheologen ins Labor trauen wird; und wenn nicht ins Labor, dann jedenfalls in die Öffentlichkeit.

Bevor ich versuche, aus der Sicht des Biologen dazu einige Aspekte zu beleuchten, will ich jedoch noch einmal auf die Bedeutung des Begriffs der »Lebenswissenschaften« zurückkommen, der sich nur scheinbar als einfache deutsche Übersetzung des englischen *Life Sciences* in den öffentlichen Debatten weit verbreitet hat. Es ist nämlich vermutet worden, wir Biologen versuchten mittels solcher Begriffsverschiebung und -erweiterung das ganze Feld dessen, was Lebewesen tun oder hervorbringen – von Mikroben, Pflanzen und Tieren bis zum Menschen –, als biologisches Erklärungsterritorium zu besetzen, sozusagen vom Faulschlamm bis zur *Sixtinischen Madonna,* wobei der bioevolutionäre Prozeß natürlicher Lebenskreativität gleichsam lückenlos in den kulturevolutionären Prozeß menschlichen Geschichtshandelns übergeht, so daß den Biologen wie Midas alles, was sie anfassen, durch den Zauberstab der Evolution zum Gold einer allgemeinen Lebenswissenschaft wird.

Außerhalb der Lebenswissenschaften bliebe dann nur noch die Befassung mit dem Unbelebten übrig – Sterne, Steine, elektromagnetische Kräfte, Elementarteilchen oder chemische Reaktionen –, während sich der große Magen der Biologie alles andere einschließlich aller Leistungen menschlicher Kulturen einverleibt. Wobei wohlgemerkt selbst Astronomie, Physik, Chemie oder Mathematik als höchste geistige Leistungen des Lebewesens Mensch auch nur wieder zum Gegenstand lebenswissenschaftlicher Erklärung würden – Philosophie, Religion, Kunst und Ethik der Einfachheit halber gleich mit eingeschlossen.

Ich will nicht leugnen, daß es immer wieder Biologen mit solchen Allmachtsphantasien gibt, die aus dem Schichtenaufbau von Natur und Wissenschaft zugleich unausrottbar immer wieder neu erblühen, zumeist in den ebenso verbreiteten wie falschen Formulierungen, daß alles Leben Chemie sei, alle Chemie Physik, alle Physik Mathematik und alle Mathematik reine Philosophie, allseits wärmend vom mütterlichen Mantel der Theologie umhüllt. Aber man muß solche vollmundigen Ansprüche auch nicht ernster nehmen, als sie es verdienen. Warum ich darüber hier überhaupt kurz reflektiere, soll nicht nur der Beruhigung unserer geistes- und sozialwissenschaftlichen Kollegen dienen. Für ihre Forschungsgebiete bleiben wir Biologen ganz sicherlich auch künftig viel zu ungebildet. Ich will vielmehr ganz nah an dem Thema bleiben, das die Öffentlichkeit derzeit so sehr bewegt, und an diesem Beispiel deutlich machen, zu welch unsinnigen Schlußfolgerungen es führt, wenn wir die Wurzeln mit einer ganzen Pflanze, die Fundamente mit einem Bau, die Voraussetzungen mit den Konsequenzen oder ganz drastisch das Ei mit dem Huhn verwechseln oder sogar in einen Topf werfen, wenn wir also, mit einem Wort, die Tatsache der evolutionären Emergenz neuer Phänomene leugnen oder mißachten, die doch der wichtigste Ausdruck der schöpferischen Kraft der Natur ist, von der Entstehung der Gestirne bis zu der des Lebens, von der Entstehung der Arten bis zu der von Kultur und Geist. Die grundlegenden Voraussetzungen eines emergenten Phänomens mit dem Phänomen selbst zu verwechseln führt zu einem oft zwar besonders logisch erscheinenden, aber an der Wirklichkeit regelmäßig zum Scheitern verurteilten Idealismus, Substantialismus, Essentialismus, Typologismus oder Präformatismus, wie diverse Spielarten solchen Denkens immer wieder unter neuen Bezeichnungen auftreten. Das, woraus sich etwas Neues entwickelt, ist nicht identisch mit dem Neuen selbst.

Dies gilt auch für den Menschen. Jede geborene menschliche Person ist etwas einmalig Neues, das sich aus einer befruchteten menschlichen Eizelle entwickelt hat. Aber deshalb ist diese befruchtete Eizelle noch lange kein Mensch, jedenfalls nicht als eine naturwissenschaftlich begründete Tatsache; allenfalls dann, wenn wir dem Begriff »Mensch« – und zwar durchaus willkürlich – eine ganz neue, andere Bedeutung als bisher zuweisen. Das hat mit dem zu tun, was wir sinnvollerweise – das heißt lebenswirklichkeitsgerecht – meinen, wenn wir einem Lebewesen den Begriff »Mensch« zuordnen. Dies ist nämlich kein Etikett der Natur, sondern eine selbstbezügliche Redeweise von Menschen, deren Bedeutung nicht die Natur festlegt, sondern die sie selbst bestimmen. Ich muß mich, während ich dies deutlich zu machen versuche, sofort korrigieren: Dies bezieht sich nicht einmal nur auf Lebewesen, denn selbstverständlich betrachten wir ein verstorbenes Mitglied der Menschengemeinschaft unverändert als – wenn auch nicht länger lebenden – Menschen, und wir zögern keinen Augenblick, ihm Menschenwürde in der Form der Achtung vor der Würde eines Toten, eines toten Menschen nämlich, zum Unterschied von jedem toten Tier, zuzusprechen. Nichts könnte deutlicher machen, daß »Mensch« ein kulturbezogener Zuschreibungsbegriff von Menschen ist und keine rein biologische Tatsache.

Zwar gehört jeder heute lebende Mensch biologisch zur Art *Homo sapiens*. Aber Menschlichkeit, Menschenwürde, ja recht eigentlich Menschsein ist mehr als dieses Faktum, es ist eine kulturell-sozial begründete Attribution, die sich in der Begriffsbegründung zwar sehr wohl biologischer Fakten bedienen kann, ja muß, die sich aber in ihnen nicht erschöpft. Dies sehen wir deutlich bei der Zuordnung des Begriffs Mensch zu unseren biologischen Vorfahren. Schon die Abgrenzung der Spezies- und Gattungsnamenzuweisung gelingt nur mehr oder weniger willkürlich, und zwar nicht wegen unzureichender Funde, sondern aus evolutionär zwingendem Grund, da wir Vorfahren und Nachfahren nun einmal nicht dem wesentlichen Unterscheidungskriterium biologischer Arten – der Unmöglichkeit fruchtbarer Fortpflanzung – unterwerfen können: Als Vater dieser Einsichten darf wohl Ernst Mayr gelten. Noch viel weniger können wir aber der Zuordnung von Fossilfunden zu Arten oder Gattungen ablesen, ob nun erst *Homo sapiens* oder schon *Homo erectus, Homo habilis* oder vielleicht gar schon *Australopithecus afarensis* »Mensch« genannt zu werden verdienen.

Vergessen wir auch nicht, daß es mit der bei Philosophen so geliebten angeblich biologisch begründeten »Gattungseinheit« der Menschheit nicht sehr weit her ist: Jared Diamond hat nüchtern festgestellt, daß rein physisch, also genetisch betrachtet, *Homo sapiens* ganz gut als dritte Art einer Schimpansengattung eingeordnet werden könnte: *Pan sapiens.* Aber, eine Einsicht, die wir wieder Mayr verdanken, die Spezies *Homo sapiens* ist eben nicht nur biogenetisch, sondern durch ihr unvergleichlich anderes, emergentes kulturelles Leistungsniveau zu klassifizieren – der Mensch wurzelt zwar in seiner Biologie, aber er ragt zugleich weit aus ihr heraus. Deshalb kann sich seine Definition auch nicht in molekulargenetischen Tatsachen wie dem chemisch beschreibbaren Vorhandensein jener 3,2 Milliarden Nukleotide bestimmter Reihenfolge in einer Zygote erschöpfen.

Wir wissen, daß, heute wie in der Vergangenheit, verschiedene Kulturen den Zeitpunkt des Beginns der Zuschreibung des Menschseins gegenüber dem sich entwickelnden Embryo oder Fötus sehr verschieden gewählt haben und noch wählen, selbst bei genauer Kenntnis der Tatsache, daß der Embryo seinen Entwicklungsanfang in der Vereinigung von Ei- und Samenzelle hat. Aus Gründen, die ich noch näher ausführen werde, finde ich dabei die Stellungnahme jüdischer Religionsgelehrter besonders überzeugend, einer Religion, der es wahrhaftig weder an Scharfsinn der Argumentation, wissenschaftlichen Kenntnissen, Gesetzestreue und Achtung vor dem Leben mangelt. Sie weist nämlich der Tatsache, daß sich der Mensch nur in engster Verbindung mit einem mütterlichen Körper entwickeln kann, eine besondere Bedeutung für die Menschwerdung zu.

Um dem böse Interessen unterstellenden Gegenargument – mit einer solchen Feststellung würde der nicht in einen Uterus implantierte Embryo zum »Freiwild der Forscher« – sogleich zu entgegnen: Selbstverständlich hindert nichts daran, auch der nicht implantierten Zygote und dem nicht von der Mutter physisch wie psychisch aufgenommenen Embryo eine ganz andere Qualität, nämlich menschliche Qualität, im Sinne des Grundgesetzes also Menschenwürde, zuzusprechen, ganz analog zu dem, was ich eben zu toten Menschen sagte, und daher den Umgang mit Menschenembryonen anderen Normen zu unterwerfen als den mit Mäuseembryonen, zum Beispiel einem strikten Begründungs- und Genehmigungsvorbehalt für jede forschende Verwendung. Mir kommt es nur darauf an, sehr nachdrücklich darauf hinzuweisen, daß – selbst in heutigen Hochkulturen, die keiner moralischen Belehrung durch uns bedürfen – dieser Akt der Zuschreibung des vollgültigen Menschseins mit allen Pflichten vorbehaltlosen Schutzes seines Lebens durchaus verschieden begründet wird. Dies ist auch unserer Rechtsprechung wie Lebenspraxis alles andere als fremd, sonst wäre nicht nur die nach langem Ringen weitgehend rechtsfriedliche Regelung von Abtreibungen, sondern vor allem auch die allgemein akzeptierte Verwendung von einnistungshemmenden Mitteln zur Geburtenkontrolle gar nicht möglich und zulässig.

Ich weise auf diese Art der gesellschafts- und kulturabhängigen Zuschreibung des Menschseins mit allen Rechtsfolgen auch deshalb hin, weil der nach intensiver Vorberatung und ernster offener Debatte mit großen Mehrheiten in Unterhaus wie Oberhaus gefaßte Beschluß des britischen Gesetzgebers, Forschung an und mit menschlichen Embryonen und mit Zellkulturen aus solchen Embryonen bis hin zum therapeutischen Klonen in den ersten zwei Lebenswochen unter sorgfältig zu begründenden und streng kontrollierten Bedingungen freizugeben, alles andere als die Verabschiedung Großbritanniens aus der abendländischen Wertegemeinschaft darstellt, sowenig wie ähnliche Regelungen in anderen europäischen und außereuropäischen Ländern. Vielmehr handelt es sich dabei genau um jenen Vorrang politischer Entscheidungen vor partikularen gesellschaftlichen Forderungen, sei es der Wissenschaft, der Wirtschaft oder von Weltanschauungsgruppen, den der Bundespräsident ganz zu Recht auch bei uns eingefordert hat. Selbstverständlich zwingt uns Deutsche nichts dazu, uns dieser britischen Parlamentsentscheidung anzuschließen oder jener Frankreichs, Israels oder anderer Länder, weil wir doch ohnehin alles besser wissen. Aber gerade in einer immer mehr zusammenwachsenden Gemeinschaft europäischer Nationen täten wir vielleicht doch gut daran, zu hören und abzuwägen, was die Argumente anderer abendländischer Nationen sind, die nicht weniger als wir in freien, demokratischen Rechtsstaaten leben, ehe wir gemeinsam mit dem Vatikan das Hochufer moralischer Letztbegründungen zu besetzen suchen. Selbstverständlich gilt also für alle Wissenschaftler in Deutschland, daß sie sich streng und ausnahmslos an die Gesetze unseres Landes zu halten haben und an alle Verfassungsgebote, so wie sie die Beschlüsse des Bundesverfassungsgerichts verbindlich, wenn auch, wie wir wissen, keineswegs unveränderlich auslegen.

Kurt Langbein, Bert Ehgartner

Die verkaufte Medizin

»

Es war Anfang der fünfziger Jahre, als George W. Merck, der Gründer des amerikanischen Pharmariesen, anläßlich einer Jahresversammlung seine Mitarbeiter beschwor: »Versuchen wir niemals zu vergessen, daß Medizin in erster Linie den Menschen zugute kommen muß. Es soll uns nicht allein um Profit gehen. Der Profit folgt ohnehin von selbst. Und wenn wir ehrlich sind, so hat er uns noch nie enttäuscht.«

Tatsächlich ist die Pharmabranche der profitträchtigste Industriezweig der Welt. Die Börsenkurse der 500 größten Firmen stiegen während des letzten Jahrzehnts doppelt so schnell wie der Durchschnitt aller übrigen Aktien. Der weltgrößte Konzern ist seit kurzem der Viagra-Hersteller Pfizer. Er hat allein acht Medikamente in seinem Repertoire, die die Traummarke von einer Milliarde Dollar Umsatz übersteigen. Der Weg nach oben führte über ein enorm aggressives Marketing dieser Megaseller. Und wenn sie nicht aus der eigenen Produktion kamen, so wurden die Lizenzhalter geschluckt. Um die Rechte für den Cholesterinsenker Lipitor zu erwerben, kaufte Pfizer beispielsweise gleich den Hersteller Warner-Lambert für kolportierte 116 Milliarden Dollar auf. Ein teures, aber offenbar lohnendes Geschäft: Lipitor ist heute nach dem Magengeschwürmittel Losec von Astra-Zeneca das meistverkaufte Medikament der Welt – jährliche Wachstumsraten von 30 bis 40 Prozent signalisieren, daß sich Lipitor auf der Überholspur bewegt.

Diese Strategie zeigt aber auch eine gänzlich veränderte Grundhaltung der Branche. Medikamente werden längst nicht mehr passiv auf die Bedürfnisse des Marktes zugeschnitten. »Heute ist die Industrie längst in einem Zustand ähnlich der Filmbranche«, konstatiert der Bremer Sozialmediziner Dieter Borgers, »das Geld wird mit den Blockbusters verdient, die nach reinen Marktgesetzen entwickelt und auf eine Zielgruppe hin beworben werden. Das bedeutet einerseits den baldigen finanziellen Ruin für die Gesundheitssysteme, auf der anderen Seite wird der Nutzen der Medizin damit ad absurdum geführt.«

Gemeinsam mit dem weitgehend abhängigen Forschungsbetrieb ist die Industrie damit auf dem besten Weg, möglichst alle wohlhabenden Menschen des Planeten zu Patienten zu machen. Wegen der Unmenge an verschiedenen Risikofaktoren gibt es kaum jemanden, der nach einer gründlichen Untersuchung noch als gesund gilt. Entweder muß der Blutdruck gesenkt werden, oder der Homozysteinspiegel macht Sorgen, leicht erhöhter Blutzucker kündigt einen Diabetes an, oder das Verhältnis von gutem zu schlechtem Cholesterin ist nicht optimal.

Und das Trommelfeuer der »Marktbearbeitung« wirkt: Im Frühjahr 2001 hat die einflußreiche amerikanische Herz-Gesellschaft beispielsweise die empfohlenen Cholesterinwerte auf neue Rekordtiefen gesenkt. Damit verdoppelt sich mit einem Schlag die Zahl der Menschen, deren Cholesterinspiegel mit sogenannten Statinen gesenkt werden soll. Und weil die Produktion der Grundsubstanz nur minimale Kosten verursacht, ergeben sich enorme Marketing- und Werbebudgets und eine gigantische Gewinnspanne.

Marketing bei Gesundheitsprodukten sollte besonderen ethischen Grundsätzen genügen – doch in der Realität verhält es sich genau umgekehrt: Legionen von Medizinprofessoren stehen auf den Gehaltslisten der Konzerne und gehen bei Pressekonferenzen oder in Expertenkommentaren gern an die Öffentlichkeit, um mit ihrem ganzen professionellen Gewicht zur Gegenleistung anzutreten. Daß es sich bei dem Statement des Experten um einen bezahlten PR-Auftritt handelt, wird dabei nicht an die große Glocke gehängt. Medizinjournalisten werden mit Propagandamaterial überschüttet, die Marketingabteilungen der Verlage schließen sich mit den Redaktionen kurz, und am Ende ist es oft nicht mehr so klar, ob unabhängige Redakteure oder die PR-Agenturen der Pharmakonzerne die eigentlichen Verfasser der Artikel sind.

Nach einem jahrelangen derartigen Informationskonzert sitzt die Botschaft dann perfekt in den Hinterköpfen. Das beste Beispiel ist abermals das Cholesterin. So sind heute bereits Bananen in US-Supermärkten mit einem »Cholesterinfrei«-Aufkleber versehen, und Hunde werden sicherheitshalber mit Lipitor-Tabletten gefüttert.

«

Schläge ins Gesicht der Wissenschaft

Wer die intrigante Welt der Medizinforschung kennt, kann die Einmaligkeit und Bedeutung des Vorgangs abschätzen: Mitte September 2001 erschien in zwölf der weltweit angesehensten Medizinjournale ein gemeinsames Editorial der Herausgeber. Darin wird in eindringlichen Worten ein Trend beschrieben, der die unabhängige Forschung an den Rand des Abgrunds zu bringen droht. Immer häufiger seien die Leiter von Studien nur noch bezahlte Strohmänner, heißt es hier sinngemäß, die sich einkaufen lassen, um einer von den Herstellern durchgeführten Untersuchung den Anschein wissenschaftlicher Seriosität und Unabhängigkeit zu verleihen. »Sie selbst haben dabei keinerlei Einfluß auf das Design der Studie, keinen Zugang zu den Rohdaten und nur geringe Möglichkeiten, die Ergebnisse selbst zu interpretieren«, schreiben die versammelten Chefredakteure und Herausgeber. »Für Wissenschaftler, die sich selbst respektieren, sind diese Bedingungen ein Schlag ins Gesicht. Trotzdem machen sie es, weil sie wissen, daß der Sponsor der Studie spielend jemand anderen findet, der dazu bereit wäre.« Nicht der Auftraggeber, sondern der Studienautor, fordern die Editorial-Schreiber, müsse der intellektuelle Eigentümer einer von ihm eingereichten Arbeit sein. »Und wir werden keine Studie mehr veröffentlichen, die unter solchen Bedingungen zustande gekommen ist.«

Dieser aufsehenerregende Aufschrei ist eine Reaktion auf die seit Jahren in der medizinischen Forschung immer dominanter auftretende pharmazeutische Industrie. Wenn Milliarden in die Entwicklung neuer Medikamente gesteckt werden, so ist es von höchster Bedeutung, daß nicht der kleinste Mißton das einträchtige PR-Konzert stört. Und Studien, die dem beworbenen Mittel nur eine bescheidene Wirksamkeit bescheinigen oder gar unerwünschte Nebenwirkungen in den Vordergrund rücken, sind das letzte, was die Konzerne brauchen können.

Ein markantes Beispiel für eine eigentümliche Auffassung von Wissenschaft liefert seit vielen Jahren der österreichische Konzern Immuno, mittlerweile eine Tochter des US-Multis Baxter. In Zusammenarbeit mit nahezu allen Medien und in enger Tuchfühlung mit den Gesundheitsbehörden gelang es, eine weltrekordverdächtige Durchimpfungsrate von rund 90 Prozent gegen die seltene, von Zecken übertragene Gehirnhautentzündung zu erzielen. Sobald der Schnee schmilzt und der Frühling einzieht in die Alpenrepublik, zieren Plakate das Land, auf denen harmlose Spaziergänger von riesigen Zecken bedroht werden. Radio- und TV-Spots nehmen ebenfalls Anleihen bei Hitchcock und treiben die verängstigten Massen zu den Impfärzten.

So freizügig, wie mit dieser Art von Information umgegangen wird, so knauserig zeigt sich der Konzern jedoch bei der Veröffentlichung wissenschaftlicher Erkenntnisse zur FSME, den Zecken und den Arzneimitteln, die vor diesen gefährlichen Ungeheuern schützen sollen. Nach Arbeiten der Österreicher sucht man in den medizinischen Datenbanken großteils vergeblich. Dabei gäbe es durchaus Erklärungsbedarf zu vielfältigen Problemen mit Impfnebenwirkungen – vor allem bei Kleinkindern – und mehrfachen Änderungen der Impfstoffrezeptur.

Im verborgenen wird auch geforscht, anscheinend jedoch hauptsächlich für die Gesundheitsbehörden. »Wir machen ja die Studien nicht, um zu publizieren, sondern um Lizenzen zu bekommen«, erklärt dies bestechend einfach die für Produktqualität zuständige Baxter-Mitarbeiterin Susanne Schober-Bendixen.

Kommt eine Studie zu einem ungünstigen Ergebnis, so stehen die Chancen nicht gut, daß sie jemals wieder die Schublade verläßt. Dann sehen sie neben den Baxter-Leuten nur noch die Wissenschaftler, die sie erstellt haben. »Ich mußte bei dieser Firma stets den Passus unterschreiben, daß eine Publikation nur im Einverständnis mit dem Auftraggeber erfolgt«, sagt der Wiener FSME-Experte Herwig Kollaritsch. Als eine von ihm durchgeführte Studie ergab, daß bei 24 Prozent der mit dem neuen Präparat TicoVac geimpften Kinder hohes Fieber auftritt, war es aus mit der Hoffnung auf die Publikation. »Dabei ist seit mehr als einem Jahr alles fertig, auch das englischsprachige Manuskript.«

Das ist bei weitem kein Einzelfall. Immer wieder werden Wissenschaftler daran gehindert, Ergebnisse zu veröffentlichen, die nicht die vom Auftraggeber gewünschten Resultate erbringen. Wehren sich die Autoren, geraten sie oft massiv unter Druck. Ein bemerkenswerter Fall ereignete sich im November 2000 in den USA. Mehr als zwei Jahre hatten Wissenschaftler mehrerer US-Universitäten einen Impfstoff erprobt, der das Immunsystem von HIV-Infizierten stärken sollte. Rund 2500 Patienten wurden in die Untersuchung aufgenommen. Die Hälfte von ihnen bekam zusätzlich zur standardmäßigen Aids-Therapie den Impfstoff HIV-1 Immunogen, der anderen Hälfte wurde ein Placebo gespritzt. Die Studie wurde nach zwei Jahren Laufzeit wegen offensichtlicher Unwirksamkeit des Impfstoffs vorzeitig abgebrochen. »Die Datenauswertung«, so die Autoren, »zeigte keinen Unterschied zwischen den beiden Patientengruppen.«

Um die Veröffentlichung dieser Aussage zu verhindern, behielt die Firma Immune Response einige der erhobenen Daten ein. Normalerweise verweigern Fachzeitschriften bei unvollständigen Unterlagen die Publikation. In diesem speziellen Fall entschied sich das *Journal of the American Medical Association (JAMA)* jedoch demonstrativ für die Annahme der Studie. Die Herausgeberin von *JAMA*, Catherine DeAngelis, begründet den ungewöhnlichen Schritt mit dem Glauben daran, »daß die Integrität des wissenschaftlichen Prozesses geschützt und erhalten werden muß«.

Die Firma Immune Response erwischte diese Aktion völlig unvorbereitet. Bei den Gesundheitsbehörden lief nämlich bereits das Zulassungsverfahren für das neue Präparat. Mit der eigenmächtigen Veröffentlichung der Daten durch die Wissenschaftler sanken die Chancen nun mit einem Schlag auf Null. Immune Response schlug mit einer Schadenersatzklage in Höhe von zehn Millionen Dollar zurück. Nach Aussagen des Firmensprechers Ronald B. Moss hätten die Wissenschaftler kein Recht auf eine eigenmächtige Veröffentlichung gehabt. »Diese Daten waren Eigentum der Firma.« Mit der schlechten Bewertung sei der Firma ein großer Schaden entstanden!

Offensichtlich hatte der Konzern darauf gebaut, daß irgendeine andere Studie schon das richtige, der Zulassung eher förderliche Ergebnis liefern würde.

An der Leine der Industrie

In der Tat ist auf die Zurückhaltung und Loyalität der bezahlten Wissenschaftler meist Verlaß. Mildred Cho und Lisa Bero, Experten für biomedizinische Ethik, fanden in einer Untersuchung heraus, daß 98 Prozent aller Wissenschaftler, die für Pharmafirmen Medikamente testen, ein positives Urteil über die Wirksamkeit ihrer Mittel fällen. Fehlt die industrielle Unterstützung, äußern sich nur 79 Prozent vorteilhaft!

Konflikte wie jener um den Aids-Impfstoff werden nur sehr selten öffentlich. Ein ähnlicher Fall ereignete sich an der University of California in San Francisco. Hier wurde die Wirksamkeit von Synthroid – einem Medikament gegen die Unterfunktion der Schilddrüse, das von acht Millionen Amerikanern täglich geschluckt wird – wissenschaftlich untersucht. Als Knoll Pharmaceuticals, der Hersteller des Mittels, Wind davon bekam, daß die Untersuchung, die er mit 250000 Dollar gefördert hatte, zu dem Ergebnis gelangte, daß Synthroid den billigeren Konkurrenzprodukten nicht überlegen sei, machte der Hersteller von seinem Vetorecht Gebrauch, und die Studie verschwand in einer Schublade. Gleichzeitig ließ Knoll eine wesentlich angenehmere Studie einer anderen Forschergruppe veröffentlichen. Als schließlich die verborgene Studie doch noch an die Öffentlichkeit gelangte, klagten mehr als 400000 Patienten gegen die überhöhten Preise, die sie jahrelang gezahlt hatten, und bekamen 87,4 Millionen US-Dollar zugesprochen. Dies ist aber nur ein Bruchteil des Gewinns, den Knoll mit dem Mittel in der Zwischenzeit gemacht hatte.

Große Geschenke erhalten die Freundschaft

An der Angel der Pharmaindustrie hängen jedoch nicht nur die direkt von ihr beauftragten Forscher. Nahezu jeder Mediziner wird vom Studium bis zum Ruhestand heftigst umworben. Durchschnittlich werden für einen einzigen Arzt pro Jahr 10000 Euro aufgewendet. Die Palette reicht von Einladungen zum Essen, nützlichen kleinen Geschenken und Gratismedikamenten bis zu luxuriösem Konferenztourismus in exotische Feriendomizile. Bei einer Befragung von Medizinstudenten stimmten 85 Prozent der These zu, daß Politiker keine Geschenke annehmen sollten. Bei Zuwendungen von Pharmafirmen an Mediziner konnten hingegen nur noch 46 Prozent einen Makel erkennen.

Und diese Geschenke zeigen Wirkung. Wissenschaftler

untersuchten, wie sich ein luxuriöses Symposium an einem tollen, exotischen Ort auf die Verschreibungslaune der eingeladenen Mediziner auswirkt. Dazu überprüften sie, wie häufig die Teilnehmer zwei Medikamente des Fernreiseanbieters ein Jahr vor und ein Jahr nach dem Luxustrip auf ihren Rezeptblöcken notierten. Es zeigte sich eine glatte Verdreifachung der Verschreibungen. Und das, obwohl alle befragten Ärzte der festen Meinung waren, daß solche Verlokkungen auf ihre streng wissenschaftliche Therapieplanung nicht den geringsten Einfluß hätten.

Fortbildung mit Hintergedanken

Laut Paragraph 7 der ärztlichen Berufsordnung hat jeder deutsche Mediziner die Pflicht, sich beruflich weiterzubilden. Forscher der Heinrich-Heine-Universität in Düsseldorf untersuchten die Qualität dieser ärztlichen Fortbildung und zogen ein ernüchterndes Resümee. »Daß die Ergebnisse so katastrophal sein würden, hat uns alle überrascht«, sagt einer der Autoren, Peter Sawicki von der Klinik für Stoffwechselkrankheiten der Universität Düsseldorf.

Die Forscher wählten aus 405 angebotenen Veranstaltungen im Ärztekammerbezirk Nordrhein 54 per Zufallsverfahren aus und ließen diese per standardisiertem Verfahren von geschulten Internisten auswerten. Zwei von drei Veranstaltungen wurden mit Beteiligung der Pharmaindustrie durchgeführt. Meist ging dieses Sponsoring nicht aus der Einladung hervor. »Häufig bewarben die Pharmahersteller dann auf der Veranstaltung ihre eigenen Medikamente«, sagt Sawicki.

Auch nach den Kriterien der Praxisrelevanz und Problemorientierung schnitten die Veranstaltungen schlecht ab. Auf die Wissensbedürfnisse des einzelnen Arztes einzugehen war in den durchschnittlich von 100 Teilnehmern besuchten Veranstaltungen kaum möglich. Es herrschte »Frontalunterricht pur«. Nur bei vier Prozent der Veranstaltungen kam es zu fachlichen Diskussionen zwischen Referenten und Auditorium.

Die Standesvertretung der Ärzte hat das Problem immerhin erkannt, doch die Gegenmittel wirken kaum: Seit Mai 1999 ist bei der Bundesärztekammer ein »freiwilliger Fortbildungsnachweis« eingerichtet. Die Mediziner können seither bei festgelegten Fortbildungsveranstaltungen Punkte sammeln, und nach fünf Jahren bekommen sie ein »Fortbildungszertifikat«. Damit soll auch der Einfluß der Pharmafirmen zurückgedrängt werden. »Denn für Veranstaltungen, die von Pharmafirmen gesponsert sind«, sagt die zuständige Medizinerin bei der Bundesärztekammer, Justina Engelbrecht, »gibt es keine Punkte.« Doch vorgeschrieben ist der Schein nicht. Und Geschenke gibt es auch keine. »Wir wollen die Ärzte motivieren, sich fortzubilden«, sagt Engelbrecht, »nicht sie zwingen.«

Von Masse und Klasse

Wollen sich Ärzte selbst weiterbilden, können sie jährlich unter zwei Millionen wissenschaftlichen Artikeln in 10 000 Fachjournalen wählen. Um in dieser Vielfalt ein halbwegs verläßliches Qualitätskriterium zu schaffen, kamen findige Köpfe auf den sogenannten Impact-Factor. Er gibt an, wie häufig Artikel eines Journals von anderen Magazinen zitiert werden. Daraus ergibt sich eine Art Weltrangliste der Wissenschaftsjournale. Während die Spitzenreiter bei Werten über 20 stehen, kommt die große Mehrzahl der Fachmagazine nie über die Hürde des Faktors 1 hinaus. Eine ähnliche Rangliste existiert auch bei den Wissenschaftlern. Publizieren oder untergehen (*publish or perish*), dieses Damoklesschwert hängt über jeder Forscherkarriere. Es kommt nicht nur darauf an, möglichst viel, sondern auch in möglichst hochangesehenen Journalen zu publizieren.

Studienmanuskripte werden im Normalfall anonymisiert und in mehrfacher Ausfertigung an den Herausgeber eines

Journals geschickt. Dann werden die sogenannten Peers, die Gutachter, bestimmt, welche die Studien prüfen. Deren Urteil dient dann als Entscheidungsgrundlage für Veröffentlichung oder Ablehnung.

Von Grund auf verdorben

Dieses Peer-review-System wurde mittlerweile selbst zum Gegenstand heftiger Kritik. Oft ist die Auswahl der Gutachter zweifelhaft, ebenso die Anonymität der Autoren. Viele Peers sind selbst Experten in dem Bereich und erkennen an den Projekten, wer sie eingereicht hat. Dabei wurden viele Vorurteilsstrukturen festgestellt. So haben Artikel, die gegen die gängige wissenschaftliche Tendenz verstoßen, deutlich schlechtere Chancen, angenommen zu werden. Unbekannte Autoren aus namenlosen Instituten werden deutlich seltener publiziert. Tritt jedoch ein angesehener Experte mit einer Arbeit an, so wird sich der Peer hüten, diese abzukanzeln, auch wenn sie noch so schwach sein sollte. Denn die zur Verfügung stehenden Peers sind überschaubar, und jeder muß damit rechnen, daß beim nächsten Mal die Rollen vielleicht vertauscht sind und der eben Kritisierte über die eigene Arbeit urteilt.

Häufig ist es aber auch gar nicht Bösartigkeit, die die objektive Urteilskraft trübt, sondern schlicht Zeitmangel, Faulheit oder mangelnde Fachkenntnis. Die britische Wissenschaftlerin Fiona Godlee versah ein Studienmanuskript mit acht offensichtlichen schweren Fehlern und verschickte es an die Gutachter. 221 Arbeiten kamen korrigiert zurück. Im Durchschnitt wurden lediglich zwei Fehler entdeckt. Jeder sechste Gutachter fand überhaupt alles in bester Ordnung. »Das Peer-System ist von Grund auf verdorben«, urteilte Richard Smith in einem Leitartikel des *British Medical Journal,* »es ist teuer, langsam, betrugsanfällig, innovationsfeindlich und nicht in der Lage, wissenschaftliche Fälschungen aufzudecken.«

Walter Krämer
Statistik verstehen

Statistik ist etwas Faszinierendes. Daß viele Leute anders denken, liegt an unseren Sportreportern: »Wann haben die Bayern zuletzt gegen Rostock verloren? Fragen wir mal die Statistik.«

Bei solchen Sprüchen drängt es mich, den Sender anzurufen. Denn Statistik ist alles andere als die Wissenschaft vom Erbsenzählen. Auch mit dem Auswendiglernen von Formeln und trockener Definitionshuberei hat Statistik nichts zu tun ...

Sofern Sie noch aus Schüler- oder Studentenzeiten einen Horror vor Signifikanzniveaus und t-Tests in sich tragen – vergessen Sie den Kram. Sie müssen kein Rechen-As sein oder gar Mathematik studiert haben, um Statistik zu verstehen.

Gesetz der Großen Zahl Das berühmte Gesetz der Großen Zahl gehört zu den am häufigsten mißverstandenen Resultaten der Wahrscheinlichkeitsrechnung und Statistik. Es besagt, daß bei vielen unabhängigen Wiederholungen eines Zufallsexperiments, sei es Würfeln, Münzwurf, Lotto, Kartenspielen oder was auch immer, die relative Häufigkeit und die Wahrscheinlichkeit eines Ereignisses immer näher zusammenrücken müssen: Je häufiger wir eine faire Münze werfen, desto näher kommt der Anteil von »Kopf« seiner Wahrscheinlichkeit ½, je häufiger wir würfeln, desto näher kommt der Anteil der Sechsen der Wahrscheinlichkeit für Sechs, und je häufiger wir Lotto spielen, desto näher kommt die relative Häufigkeit der 13 der Wahrscheinlichkeit der 13. Ganz allgemein: Je mehr unabhängige Werte einer Zufallsvariablen wir beobachten, desto enger schmiegt sich deren arithmetisches Mittel an den Erwartungswert.

Der exakte Beweis dieses Satzes ist nur etwas für Mathematiker. Intuitiv kann man sich das am Beispiel des Münzwurfs etwa so erklären: Die Wahrscheinlichkeit für Kopf ist ½. Das heißt natürlich nicht, daß exakt in der Hälfte aller Würfe auch »Kopf« kommen muß. Es kann zum Beispiel immer nur Zahl kommen. Bei vier Würfen hat das die Wahrscheinlichkeit $1/2 \times 1/2 \times 1/2 \times 1/2 = 1/16$. Bei vierzig Würfen hat das nur noch die Wahrscheinlichkeit $1/2 \times 1/2 \times 1/2 \ldots$ (das ganze 40mal), das ist weniger als 1/1 Milliarde. Mit anderen Worten, die Wahrscheinlichkeit, daß dem Gesetz der Großen Zahl zum Trotz die relative Häufigkeit für »Kopf« bei 0 verbleibt, ist zwar nicht 0, wird aber sehr schnell sehr klein. Genauso ist auch die Wahrscheinlichkeit, daß die relative Häufigkeit für »Kopf« unterhalb von – sagen wir – 0,1 verbleibt, nicht 0, wird aber ebenfalls sehr schnell sehr klein. Und so weiter. Wenn wir uns ein beliebiges Intervall um ½ vorgeben, so ist die Wahrscheinlichkeit, daß die relative Häufigkeit für »Kopf« außerhalb dieses Intervalls zu liegen kommt, nicht 0; sie wird aber mit wachsender Zahl der Versuche immer kleiner und verschwindet schließlich ganz. Oder umgekehrt: Die Wahrscheinlichkeit, daß die relative Häufigkeit *innerhalb* des Intervalls zu liegen kommt, wird immer größer und nähert sich der 1.

Aber noch überzeugender als ein abstrakter mathematischer Beweis ist ein empirischer Versuch: 1000mal würfeln oder eine Münze werfen, und selbst ausprobieren. Dann ist jeder Zweifel ausgeräumt.

Dieses Gesetz der Großen Zahl ist in gewisser Weise die Krönung der gesamten Wahrscheinlichkeitstheorie. Daraus folgt aber nicht, und das wird immer wieder übersehen, daß auch die absolute Anzahl von »Kopf« oder »13« oder »6« (oder irgendeines anderen zufälligen Ereignisses) dem jeweiligen theoretischen Wert immer näherrücken muß. Genau das Gegenteil ist wahr. Die absolute Häufigkeit für »Kopf« oder »13« oder »6« wird sich ganz im Gegenteil und mit großer Wahrscheinlichkeit immer weiter von der Zahl entfernen, die man nach der Theorie erwarten muß!

Das erscheint vielen als ein Widerspruch, ist es aber nicht. Wenn wir bei 100 Versuchen 60mal Kopf erzielen, ist das ein Abstand 10 von der theoretischen Anzahl 50 und eine relative Häufigkeit von 0,6. Wenn wir bei 1000 Versuchen 540mal Kopf erzielen, ist das ein Abstand 40 von der theoretischen Anzahl 500 und eine relative Häufigkeit von 0,54. Wenn wir bei 10 000 Versuchen 5100mal Kopf erzielen, ist das ein Abstand von 100 von der theoretischen Anzahl 5000 und eine relative Häufigkeit von 0,51 – die absoluten Abstände von theoretischen und tatsächlichen Abständen wachsen, aber die relative Häufigkeit strebt dennoch unbeirrt ihrem Ziel von 0,5 entgegen.

Das kriegen viele Menschen nur schwer auf die Reihe. Welcher Roulettespieler denkt nicht oft: Jetzt ist so oft Rot gekommen, dann setze ich auf Schwarz. Denn nach dem Gesetz der Großen Zahl hat Schwarz ja etwas aufzuholen, die Wahrscheinlichkeit für Schwarz muß also steigen.

Die Wahrscheinlichkeit für Schwarz muß aber gar nichts. Sie ist und bleibt ½ (wenn wir von der 0 einmal absehen), und selbst wenn 20- oder 30mal Rot hintereinander kommt, widerspricht das nicht dem Gesetz der Großen Zahl.

Harmonische Mittel Das harmonische Mittel ist ein Außenseiter unter den Durchschnitten. Anders als das arithmetische Mittel, das geometrische Mittel oder der Median hat es eher exotische, dafür aber um so interessantere Anwendungen.

Der Name kommt aus der Musik. Man nehme eine Saite, etwa einer Geige oder Gitarre. Diese Saite erzeugt, wenn man sie streicht, einen Ton. Halbiert man die Saite, erhält man den gleichen Ton, eine Oktave höher. Welchen Teil der Saite muß man nehmen, um einen möglichst harmonischen Dreiklang – konkret: Grundton, Quint, Oktav – zu erzeugen? Antwort: Das harmonische Mittel von 1 und ½. Das harmonische Mittel ist der Kehrwert des arithmetischen Mittels der Kehrwerte. Das harmonische Mittel von 1 und

½ ist also das arithmetische Mittel von 1 und 2, das ist 3/2, und davon nochmals der Kehrwert, das ist 2/3.

Eine weitere Anwendung des harmonischen Mittels sind Durchschnitte von Geschwindigkeiten. Ich fahre mit 100 km/h von A nach B, und mit 160 km/h von B nach A zurück. Was ist die »korrekte« Durchschnittsgeschwindigkeit für die gesamte Strecke?

Das arithmetische Mittel paßt hier nicht. Das wäre 130 km/h. Es paßt nicht, weil man, wäre man mit dieser konstanten Geschwindigkeit auf Hin- und Rückweg unterwegs, weit schneller zu Hause ankäme als bei einem Hinweg mit 100 km/h und einem Rückweg mit 160 km/h. Die einzige Geschwindigkeit, die mich bei konstantem Durchhalten genauso schnell nach Hause bringt wie ein Hinweg mit 100 km/h und ein Rückweg mit 160 km/h, ist das harmonische Mittel von 100 und 160, das heißt 1/((1/100+1/160)/12) = 123,08 km/h.

Das geometrische Mittel von 100 und 160 wäre dagegen die Wurzel aus 16000, das heißt 126,49, und damit größer. Und nochmals größer wäre das arithmetische Mittel von 130. Man kann leicht zeigen, daß diese Ungleichungen nicht nur für dieses Beispiel, sondern immer gelten: Das harmonische Mittel ist immer kleiner als das geometrische und dieses wiederum immer kleiner als das arithmetische Mittel. Nur wenn alle zu mittelnden Zahlen identisch sind, stimmen auch die drei Mittelwerte überein (und entsprechen genau diesem Wert).

Konkurrierende Risiken Um wieviel länger würden wir im Durchschnitt leben, wenn es keinen Krebs mehr gäbe? Die Theorie der konkurrierenden Risiken sagt: drei Jahre und zwei Monate.

Von konkurrierenden Risiken spricht man immer dann, wenn nur das *wie* und nicht das *ob* eines Desasters zur Debatte steht. Die wichtigste Anwendung ist die Länge unseres Lebens. Die Risiken sind die verschiedenen Todesursachen, die diesem Leben ein Ende setzen könnten: Unfall, Mord und Totschlag, Selbstmord, Lungenentzündung, Herzkrankheiten, Krebs. Diese Risiken konkurrieren quasi um unser Leben, scheidet eines aus, erhöhen sich die Chancen für die anderen.

Die früher so gefährlichen Infektionskrankheiten sind heute, zumindest in Deutschland und anderen entwickelten Industrienationen, von diesem Wettbewerb weitgehend ausgeschlossen; vor Typhus, Pest und Cholera muß sich niemand mehr hierzulande fürchten. Aber deswegen sind wir nicht unsterblich. Wir leben etwas länger, darüber dürfen wir uns freuen, aber die Bedrohung durch die verbleibenden Krankheiten hat zwangsläufig zugenommen.

Um wieviel länger wir leben und um wieviel die Risiken der restlichen Todesursachen zunehmen, berechnen die Statistiker, indem sie sich die Krankheiten als Spieler denken, die um unser Leben würfeln. Jeder Würfel hat 100 Seiten, mit den Zahlen 1 bis 100 (das in diesem Spiel höchstmögliche Lebensalter. Daß manche Menschen älter werden, will ich im weiteren einmal unterschlagen). Jeder Spieler hat seinen eigenen Würfel, mit unterschiedlichen Wahrscheinlichkeiten für die Zahlen, und der Spieler mit der kleinsten Zahl gewinnt. Angenommen, Unfall würfelt 19, Lungenentzündung 65, Krebs 79 und Herzkrankheiten 91. Dann sterben wir im 19. Lebensjahr durch einen Unfall. Fällt Unfall als Todesursache aus, sterben wir mit 65 an einer Lungenentzündung, fällt auch diese als Todesursache aus, denn mit 79 an Krebs, und so weiter. Und durch mehrfaches gedankliches Wiederholen dieses Experimentes findet man sowohl die zusätzliche Lebenserwartung wie auch die Verschiebung im Spektrum der Todesursachen, wenn einer der Spieler ausscheidet.

Am meisten profitiert durch das Ausscheiden der anderen der Krebs. Er würfelt systematisch hohe Zahlen, und kam deshalb früher kaum zum Zug. Zu Zeiten Kaiser Wilhelms gewann er in Deutschland jede zwanzigste Seele, heute jede vierte. Aber nicht, weil Krebs als Todesursache soviel gefährlicher geworden wäre, wie man zuweilen in den Medien hört und liest. Eher ist das Gegenteil der Fall. Sondern weil die Konkurrenten Typhus, Tbc und Cholera verschwunden sind.

Man kann also die beliebte Öko-These vom Krebs als Indikator für Umweltverschmutzung und Strahlenbelastung geradezu umkehren: Je mehr Menschen in einer Region an Krebs versterben, desto länger lebt man dort, und desto besser sind dort im allgemeinen auch die Umwelt und die medizinische Versorgung. Die höchste Krebsmortalität der Welt, mit fast 30 Prozent aller Todesfälle, haben wir in Island und Japan. Dort werden die Männer im Durchschnitt 79 und die Frauen 82 Jahre alt. Die niedrigste Krebsmortalität, mit weniger als 10 % aller Todesfälle, haben wir in Bangladesch und Mosambik. Dort werden die Männer im Durchschnitt 45 und die Frauen 44 Jahre alt.

Lorenzkurve Die Lorenzkurve – nach dem amerikanischen Statistiker M. O. Lorenz – ist ein graphisches Werkzeug zur Verdeutlichung von Ungleichheit: Wo sind die Einkommen ungleicher verteilt, in Deutschland oder in den USA? Wie verhält es sich mit der Verteilung von Vermögen oder Grundbesitz? Oder der Verteilung der Welt-Erdölreserven auf die über 160 Staaten dieser Erde?

Der Vorschlag von Lorenz: Man sortiere die Merkmalsträger der Größe nach, von klein nach groß. Also beim Merkmal Einkommen oder Vermögen: Die Habenichtse zuerst. Dann trage man gegeneinander ab: Soundso viel Prozent der Ärmsten haben soundso viel Prozent des Gesamteinkommens oder des Gesamtvermögens. Etwa: Die 10 % Ärmsten haben 0 % des Gesamtvermögens, die 20 % Ärmsten haben 30 %, die 30 % Ärmsten haben 8 %, usw. Das Ergebnis ist eine Kurve wie die folgende – eine sogenannte Lorenzkurve.

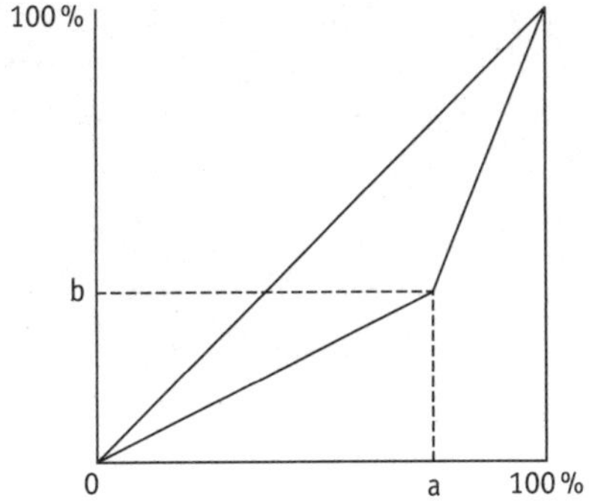

Eine typische Lorenzkurve:
Die a % Ärmsten haben nur b % der Merkmalssumme

Eine Lorenzkurve liegt immer unterhalb der 45-Grad-Linie: Wegen der Natur der Sache können die x % Ärmsten nie mehr als x % des gesamten Einkommens oder des gesamten Vermögens besitzen. Darüber hinaus ist die Lorenzkurve immer nach unten durchgebogen (alias »konvex«). Auch das ist durch die Natur der Daten vorgegeben: Der Anteil des Gesamteinkommens oder des Gesamtvermögens, der auf sukzessive Teilgruppen der Einkommens- bzw. Vermögensbesitzer entfällt, muß mit wachsendem Einkommen oder Vermögen ebenfalls wachsen.

Je stärker durchgebogen eine Lorenzkurve, desto größer ist die Ungleichheit. Deswegen bietet es sich an, die Fläche zwischen der 45-Grad-Linie und der Lorenzkurve zum Kriterium der Ungleichheit zu machen. Diese Fläche – auch »Konzentrationsfläche« genannt – liegt zwischen 0 und ½. Haben alle das gleiche, fällt die Lorenzkurve mit der 45-Grad-Linie zusammen, und die Ungleichheit ist 0. Je weniger der Gesamtsumme auf die Kleinsten und je mehr der Gesamtsumme auf die Größten entfällt, desto näher kommt die Konzentrationsfläche dem Maximalwert von ½.

In der Statistik liebt man Koeffizienten zwischen 0 und 1. Deshalb wird in der Regel das Doppelte der Konzentrationsfläche als Maß der Ungleichheit verwendet. Es heißt auch »Gini-Koeffizient« (nach dem italienischen Statistiker Corrado Gini). Der Gini-Koeffizient für die Einkommensungleichheit liegt in Deutschland bei 0,35, in Brasilien dagegen bei 0,63.

Signifikanz Das Wort »signifikant« hat verschiedene Bedeutungen. In der Alltagssprache steht es für »wichtig«, »bedeutungsvoll«, »bemerkenswert«: Der Bundestrainer lobte die signifikante Verbesserung des Kurzpaßspiels im deutschen Mittelfeld.

In der Statistik bedeutet signifikant: Eine Stichprobe steht zu einer Ausgangshypothese alias Nullhypothese in einem Widerspruch. Und zwar in einem derart deutlichen Widerspruch, daß die Ausgangshypothese verworfen werden muß. Wenn die Ausgangshypothese lautet: »Mindestens die Hälfte aller Schweden sind blond«, und dann kommt ein Bus mit 100 schwedischen Touristen, nur drei davon sind blond, dann spricht das ganz klar gegen diese Ausgangshypothese (wobei wir einmal das interessante Problem, was »blond« konkret bedeutet, beiseite schieben wollen).

Der Knackpunkt bei diesen Entscheidungen ist ganz offenbar der kritische Punkt, ab dem die Ausgangshypothese verworfen werden muß. Dieser Punkt wird auch »Signifikanzpunkt« genannt. Sind 50 oder mehr von 100 schwedischen Touristen blond, so bestätigt das die Ausgangshypothese; sie muß nicht verworfen werden. Auch bei 49 oder 48 blonden Schweden drücken wir noch beide Augen zu. Schwierig wird es bei 47, 46 oder 45 blonden Schweden. Ist das jetzt Zufall, oder sind wirklich weniger als die Hälfte aller Schweden blond? Auch wenn die Ausgangshypothese zutrifft, könnte ja der Zufall überproportional viele braun- oder rothaarige Schweden in den Bus geleitet haben.

Die mathematische Statistik löst dieses Problem wie folgt: Man gibt sich eine maximale Wahrscheinlichkeit dafür vor, eine korrekte Ausgangshypothese zu Unrecht abzulehnen (im Fachjargon: einen Fehler erster Art zu begehen). Diese maximale Fehlerwahrscheinlichkeit heißt »Signifikanzniveau« und ist vom Anwender frei zu wählen. Der am häufigsten gewählte Wert ist 5 %. Gegen dieses Signifikanzniveau bestimmt man dann den Signifikanzpunkt so, daß dieses Niveau eingehalten wird.

In dem Beispiel mit den 100 schwedischen Touristen, die wir einmal als Zufallsstichprobe aller erwachsenen Schweden unterstellen wollen, liegt dieser Signifikanzpunkt bei 42: Sind nur 42 oder weniger von 100 Schweden in der Stichprobe blond, wird die Ausgangshypothese zu einem Signifikanzniveau von 5 % abgelehnt. Ansonsten nicht.

So funktioniert grundsätzlich jeder statistische Test. Gebraucht werden eine Ausgangshypothese, eine Stichprobe, eine daraus abgeleitete Größe wie der Stichprobenanteil blonder Schweden, die bei der Entscheidung hilft (oft auch »Prüfgröße« genannt), ein Signifikanzniveau und ein Signifikanzpunkt. Liegt die Prüfgröße jenseits des Signifikanzpunktes, wird die Ausgangshypothese abgelehnt.

So verfährt man etwa bei Qualitätskontrollen in der Industrie, bei Wirksamkeitsprüfungen von Arzneimitteln oder bei der Überprüfung der Effizienz von Aktienmärkten: In einem effizienten Markt sind die durchschnittlichen Renditen an allen Wochentagen gleich. Nimmt man die 250 Börsentage eines bestimmten Jahres als Stichprobe aller möglichen täglichen Renditen, so sind natürlich die wochentagsspezifischen Durchschnitte nicht exakt identisch. Wie sehr dürfen sie voneinander abweichen, ohne die Ablehnung eines effizienten Marktes zu erzwingen?

Auch hier sagt die Statistik ganz genau, wann das Faß zum Überlaufen kommt. Die konkrete Prüfgröße und die korrekten Signifikanzpunkte brauchen dabei nicht zu interessieren. Wichtig ist allein, daß die Wahrscheinlichkeit, eine korrekte Ausgangshypothese unrechtmäßig abzulehnen, immer unter unserer Kontrolle bleibt.

t-Test Der t-Test ist das bekannteste und am weitesten verbreitete Verfahren der mathematischen Statistik. Er dient dazu, Hypothesen über Durchschnitte zu testen, und geht auf den Dubliner Bierbrauer und Hobby-Statistiker W. S. Gosset (alias »Student«) zurück. Typische Hypothesen, über deren Annahme oder Ablehnung der t-Test entscheidet, sind: Der Ausschußanteil in einer Lieferung von drei Millionen chinesischer Feuerwerkskörper ist höchstens 2 %. Oder: Die erwartete Montagsrendite von Aktien der Deutschen Bank ist nicht negativ. Oder: Die marginale Konsumquote in Deutschland ist größer als 80 %. Oder: Beim Intelligenzquotienten gibt es zwischen Männern und Frauen keinen Unterschied. Oder: Die Bayern sind im Durchschnitt dicker als die Niedersachsen.

Die Vorgehensweise ist immer die gleiche: Der interessierende Parameter wird mittels Stichprobe geschätzt. Bei den chinesischen Sylvesterkrachern wäre das der Anteil der defekten Kracher in einer Stichprobe, bei der Montagsrendite der Deutschen Bank wäre das die durchschnittliche Montagsrendite über eine Anzahl Börsentage und so weiter. Die Differenz zwischen geschätztem und hypothetischem Parameter wird durch eine Schätzung für die Standardabweichung dieser Differenz geteilt. Ist dieser Quotient zu groß (oder je nach Hypothese auch zu klein), dann wird die Ausgangshypothese abgelehnt.

Was »zu groß« oder »zu klein« genau bedeutet, hängt von der benutzerdefinierten Maximalwahrscheinlichkeit für eine fälschliche Ablehnung der Hypothese (alias dem Signifikanzniveau des Testes) ab. Bei einem zweiseitigen Test, d. h. Ablehnung sowohl für zu große wie für zu kleine Werte der Differenz im Zähler, ist dieser kritische Wert fast genau 2. Das erklärt die Faustregel: »Ein geschätzter Parameter ist signifikant [von Null verschieden], wenn sein Schätzwert das doppelte seiner geschätzten Standardabweichung übersteigt.«

Den Namen t-Test hat diese Prozedur erhalten, weil Gosset diesem Quotienten aus Gründen, die er mit ins Grab genommen hat, als Abkürzung ein »t« verordnet hatte.

Zipfsches Gesetz Das Zipfsche Gesetz wurde von einer ganzen Reihe von Personen unabhängig voneinander entdeckt. Einer davon war der amerikanische Sprachforscher und Harvard-Professor George Kingsley Zipf (1902–1950). Zipf hatte durch einfaches Auszählen verschiedener Texte ein seltsames Gesetz gefunden, nämlich daß das in diesem Text am häufigsten vorkommende Wort doppelt so oft vorkommt wie das zweithäufigste. Und dreimal so oft wie das dritthäufigste. Und viermal so oft wie das vierthäufigste. Und so weiter.

Wer es nicht glaubt: Nehmen Sie die Bibel oder das Bürgerliche Gesetzbuch oder das Parteiprogramm der SPD, und zählen Sie selbst.

Wie immer, wenn Wissenschaftler eine empirische Regelmäßigkeit bemerken, taucht diese auf einmal an allen möglichen Ecken und Enden auf. Schon 50 Jahre vor Zipf hatte der italienische Ökonom und Soziologe Vilfredo Pareto entdeckt, daß in vielen Gemeinwesen der reichste Mann doppelt soviel Geld besitzt wie der zweitreichste, dreimal soviel wie der drittreichste und viermal soviel wie der viertreichste. Die am weitesten verbreitete Sprache der Erde (Chinesisch) hat doppelt soviel Muttersprachler wie die zweithäufigste (Hindi), dreimal soviel wie die dritthäufigste (Englisch), viermal soviel wie die vierthäufigste (Spanisch). Die auflagenstärkste deutsche Wochenzeitung (Bild am Sonntag) hat die doppelte Auflage der zweitstärksten (Das Beste), die dreifache der drittstärksten (Stern), die vierfache der viertstärksten (Focus).

Oder nehmen wir die größten deutschen Städte. Wie die folgende Tabelle aller deutschen Städte mit mehr als einer halben Million Einwohnern (Stand 1996) zeigt, hat die größte (Berlin) doppelt so viele Einwohner wie die zweitgrößte (Hamburg), dreimal so viele wie die drittgrößte (München), viermal so viele wie die viertgrößte (Köln), und so weiter.

Stadt	Einwohner
Berlin	3 467 000
Hamburg	1 708 000
München	1 230 000
Köln	964 000
Frankfurt	648 000
Essen	612 000
Dortmund	597 000
Stuttgart	585 000
Düsseldorf	573 000
Duisburg	533 000
Hannover	522 000

Formal gesehen haben wir hier eine Gleichung

$$\text{Rang} \times \text{Größe} = \text{Konstante}$$

Diese Gleichung gilt natürlich nie exakt, nur ungefähr. Berlin hat nicht genau doppelt so viele Einwohner wie Hamburg, sondern ein paar Tausend mehr. Und nicht dreimal so viele Einwohner wie München, sondern ein paar Tausend weniger, aber im großen und ganzen landen wir, wenn wir den Rang, den eine deutsche Stadt in der nach Größe geordneten Liste aller deutschen Städte einnimmt, mit ihrer Einwohnerzahl malnehmen, immer irgendwo bei 3½ Millionen.

Es gibt viele Erklärungen für das Zipfsche Gesetz. Wie etwa der amerikanische Wirtschafts-Nobelpreisträger Herbert Simon nachgewiesen hat, muß sich eine solche Verteilung in »natürlich« wachsenden Systemen, in denen die Wachstumsrate nicht von der Größe einer Einheit abhängt, quasi von allein ergeben. Und so ist auch die größte Stadt der USA (New York) doppelt so groß wie die zweitgrößte (Chicago), dreimal so groß wie die drittgrößte (Los Angeles), viermal so groß wie die viertgrößte, und so weiter. Aber die größte Stadt Englands oder Österreichs ist keineswegs doppelt so groß wie die zweitgrößte oder dreimal so groß wie die drittgrößte. Denn das heutige England oder Österreich sind als Reste ehemaliger Kolonial- bzw. Vielvölkerstaaten keine »organisch« gewachsenen Gebilde. Nimmt man aber zu Österreich noch Ungarn, Tschechien und die Slowakei oder zu England noch Indien und Kanada dazu, tritt das Gesetz von Zipf wieder in Kraft: Wien ist doppelt so groß wie Budapest und dreimal so groß wie Prag, und eine ähnliche Beziehung ist auch zwischen London, Kalkutta, Toronto, Bombay und den anderen Städten des ehemaligen britischen Empires ohne Probleme nachzuweisen.

ERLEBEN UND BERICHTEN

– Meere, Pflanzen, Berge –

Holger Afflerbach
Eine atlantische Welt entsteht

Die welthistorischen Auswirkungen der Entdeckungen sind in ihrer Tragweite sehr schnell erkannt worden. Adam Smith faßte sie in einem berühmten Diktum aus dem Jahre 1776 so zusammen: »Die Entdeckung Amerikas und des Seeweges nach Ostindien um das Kap der Guten Hoffnung sind die beiden größten und bedeutendsten Ereignisse in der Geschichte der Menschheit. Ihre Folgen sind zwar bereits recht beachtlich gewesen, doch ist es noch nicht möglich, in dem kurzen Zeitraum von zwei bis drei Jahrhunderten, die seither vergangen sind, die Auswirkungen in ihrer ganzen Tragweite erkennen zu können. Und keine menschliche Klugheit und Umsicht kann voraussehen, welche Wohltaten und welches Unglück der ganzen Menschheit aus diesen einmaligen Entdeckungen erwachsen werden. Ganz allgemein dürften sie wohl in der Tendenz nützlich und förderlich sein, da sie die entlegensten Gebiete der Welt in gewissem Umfang zusammengeführt und es ihnen möglich gemacht haben, sich gegenseitig zu helfen, den Bedarf an Nötigem und Annehmlichem im Austausch zu decken und Gewerbe und Handel untereinander zu fördern.« …

Daß die Entdeckungen der Ausgangspunkt der Globalisierung waren, ist unstrittig. Und als Herzstück und Motor dieser Globalisierung bildete sich mit den zunehmenden Verbindungen der verschiedenen atlantischen Küsten ein politisch-ökonomisch-kulturelles System heraus, das hier als »Atlantische Gesellschaft« oder »Atlantische Welt« bezeichnet werden soll …

In der europäischen Politik setzten sich die Machtkämpfe zwischen den Großmächten auch im und nach dem Zeitalter der Entdeckungen fort, wie sie bereits seit Jahrhunderten tobten: Es ging um europäische Territorien und europäische Machtfragen. Hinzu kam aber eine Ebene, die es zuvor nicht gegeben hatte und die sich mit der ersten zunehmend vermischte: der Kampf der einzelnen europäischen Staaten um Anteile am Überseehandel und vor allem an der Kontrolle über die gewaltigen neuentdeckten Landstriche. Hier sind nur einige Beispiele zu nennen: Die französisch-spanischen Kriege des 16. Jahrhunderts gingen um europäische Fragen, griffen aber auch in den Atlantik und bis in das neuentdeckte Amerika hinein. Auch der 1566 losbrechende achtzigjährige Unabhängigkeitskampf der Niederlande gegen Spanien hatte eine massive überseeische Komponente, weil sich die Niederländer schließlich auch beträchtliche Teile des spanischen und portugiesischen Seehandels und Kolonialbesitzes aneigneten. Vor allem, nachdem Philipp II. 1580 Portugal und Spanien in Personalunion vereinigte, verdrängten die Holländer die Portugiesen aus ihren Besitzungen und Handelsbeziehungen. Auch die Kämpfe zwischen dem Spanien Philipps II. und dem elisabethanischen England – hier soll nur an das spektakuläre Scheitern der berühmten Armada 1588 erinnert werden – hatten zwar in erster Linie einen europäischen Hintergrund, und zwar vor allem die Machtverhältnisse in Flandern und die Religionsfragen, gleichzeitig aber kämpften die Engländer auch in der Karibik, ja sogar im Pazifik gegen Spanien. In den drei holländisch-englischen Seekriegen (1652–54, 1665–67, 1672–74) ging es darum, daß beide Mächte sich den Seehandel sichern und – vor allem die Engländer – einen starken Mitbewerber ausschalten wollten. Sir Walter Raleigh hatte 1618 in einer Denkschrift geschrieben: »Whosoever commands the sea commands the trade, whosoever commands the trade of the world commands the riches of the world and consequently the world itself.« In der Tat wollten die Engländer die Holländer aus einem Quasimonopol der europäischen Seefahrt verdrängen. Um 1650 hatten die Holländer 16000 Schiffe, davon 6000 Ozeanfahrer. Die Hälfte dieser Schiffe bediente die Ostseeroute, 2000 den Handel mit Spanisch-Amerika, der Rest das Mittelmeer und Ostindien. Wie erdrückend das holländische Übergewicht war, sieht man daran, daß die anderen seefahrenden Nationen insgesamt nur über 4000 Schiffe verfügten. Die Überlegenheit der Holländer basierte auf ihren Schiffstypen, zum Beispiel den Fleuten des Ostseehandels, die den entscheidenden Vorteil hatten, mit wenig Personal auszukommen. Wo auf englischen Schiffen 30 Matrosen benötigt wurden, dienten auf gleichgroßen holländischen nur zehn; entsprechend niedriger waren die Frachtraten. Diese Entwicklung war kein Zufall. In Holland waren Arbeitskräfte gesucht und teuer, der Personalkostenfaktor war folglich hoch, und die Schiffskonstrukteure mußten dies bei ihren Entwürfen besonders berücksichtigen. Eine weitere Vorherrschaft hatten die Holländer in der Nordseefischerei; der Heringshandel ernährte Hunderttausende von Menschen. Auch der Englandhandel wurde durch die Holländer abgewickelt: Auf 500 holländische kamen nur 50 britische Schiffe. Nicht umsonst war einer der Gründe für den englisch-holländischen Seekrieg, daß das englische Parlament im sogenannten Navigation Act von 1651 verordnet hatte, daß Einfuhren nach Großbritannien nur auf englischen Schiffen oder denen des Ursprungslands der eingeführten Waren erfolgen sollten. Dies war eine Bestimmung, die sich gegen den Fuhrmann Europas, die Holländer, richtete, die erst 1849 wieder aufgehoben und durch den Zwang zum Flaggengruß in britischen Gewässern und das Durchsuchungsrecht fremder Schiffe ergänzt wurde. Zwar konnten sich die Holländer in diesen Kämpfen behaupten, aber doch nicht verhindern, daß sie aus der ersten Reihe der europäischen Seemächte allmählich verdrängt wurden …

Anders sah dies in Amerika aus. Hier gelang es den Spaniern, in größeren Teilen Mittel- und Südamerikas eine direkte Herrschaft aufzubauen, die sich in jahrhundertelangen Kämpfen immer mehr ausweitete und schließlich auch die letzten Widerstandsnester der Indios unterwarf. Daß ihnen das gelingen konnte, war unter anderem darauf zurückzuführen, daß sie sich der vorhandenen Herrschaftsstrukturen der Inkas und Azteken bedienen und lokale Rivalitäten ausnutzen konnten. Im Bereich der amerikanischen Hochkulturen ersetzten sie das politische Zentrum und beherrschten die Länder von der Spitze her. Der spanische Machtbereich war, dem Vorbild der spanischen Verwaltung in Europa folgend, in mehrere Vizekönigreiche und kleinere Einheiten – wie die Gerichtsbezirke, die *audiencias* –, in 39 Provinzen und Generalkapitanate gegliedert. Besonders wichtig waren das Virreinato de Nueva España (Vizekönigreich Neuspanien) mit der Hauptstadt Mexiko, das 1535 eingerichtet wurde und sich über Mittel- und die südlichen Teile Nordamerikas erstreckte. Das 1543 gegründete Vizekönigreich Peru mit der Hauptstadt Lima umfaßte die Territorien des früheren Inkastaates. Später kamen die Vizekönigreiche Nueva Galicia mit der Hauptstadt Bogotá (1739) und Buenos Aires (1776) hinzu. Die spätere Aufteilung Lateinamerikas in Einzelstaaten ging auf die spanische Gliederung des gewaltigen Länderkomplexes zurück, bei dem es sich rechtlich gesehen nicht um Kolonien handelte, sondern um Herrschaftsbereiche, die der Krone direkt unterstellt waren.

Die spanische Herrschaftspraxis in Amerika wurde oft angegriffen. Vor allem die harsche Kritik Bartolomé de las Casas' an der Behandlung der Indios sorgte für internationales Aufsehen. Die Spanier waren durchaus selbstkritisch, was ihre Herrschaft in Amerika und die Behandlung der Einheimischen anging. Allerdings wurde diese Selbstkritik dann von den mit Spanien im Zeitalter der Glaubenskriege verfeindeten protestantischen Mächten begierig aufgegriffen. Den Niederlanden diente die spanische Behandlung der Indianer sogar als Begründung für den politischen Abfall von Madrid. Die Vorstellung einer brutalen, katholisch-reaktionären, die Indianer dahinschlachtenden spanischen Willkürherrschaft entstand, die teilweise berechtigt, teilweise jedoch ein Zerrbild war, da andere, protestantische Kolonialmächte die Indianer keinesfalls besser behandelten. In der Historiographie hat diese letztlich die nichtspanischen Kolonialmächte begünstigende Interpretation sogar den Namen der »leyenda nera« bekommen.

Eine von konfessionellen Vorurteilen getrübte Sicht der

Dinge war in diesen Zeiten nicht weiter erstaunlich, zumal das katholische Spanien und Portugal aufgrund der von ihnen initiierten Entdeckungen natürlich einen gewaltigen Vorsprung vor den anderen europäischen Ländern hatten. Zuerst suchten sich die Spanier ihren Vorteil in »Las Indias« nach dem Vorbild Portugals zu sichern: Sie baten den Papst, ihnen auf die neuentdeckten Territorien ein Monopol zu verleihen. Dies geschah in der Bulle vom 4. Mai 1493: Alexander VI. sprach den Spaniern darin alle Territorien westlich einer Linie von hundert Meilen westlich der Azoren und Kapverdischen Inseln zu, die von Pol zu Pol zu ziehen sei, durch den 38. Grad westlicher Länge. Die Portugiesen wandten sich daraufhin an die Spanier und verlangten eine Nachbesserung, die sie auch erhielten: Nach zähen Verhandlungen wurde im Vertrag von Tordesillas am 7. Juni 1494 eine Grenzlinie festgelegt, die 370 Leguas (= 1175 sm) westlich der Azoren verlief. Diese neue Linie auf 46 Grad 30 Minuten westlicher Länge hatte Bestand, obwohl damals der Längengrad auf hoher See nicht sicher bestimmt werden konnte. Sie teilte den Atlantik in Nord-Süd-Richtung zwischen den iberischen Mächten. Das Vorschieben der Grenze in den Atlantik hinein hatte aus portugiesischer Perspektive den Sinn, die südliche Segelschiffsroute durch den Atlantik zu sichern, die zur Vermeidung der äquatorialen Windflauten und zur Nutzung des Passats weit in den westlichen Atlantik hinein verlegt werden mußte. Zur Vermeidung von Komplikationen sollte sie nicht durch spanische Hoheitsgewässer verlaufen; außerdem würden vielleicht noch einige bisher unentdeckte Atlantikinseln unter portugiesische Herrschaft fallen. Die Einigung von Tordesillas war praktisch eine Teilung der Welt in zwei Einflußsphären: Portugal sollte den Seeweg um Afrika herum nach Indien einschließlich der afrikanischen Länder, Spanien den Westweg einschließlich der neuentdeckten »indischen« Länder kontrollieren. Ein unerwarteter Nebeneffekt dieser Absprache war jedoch, daß die Linie von Tordesillas teilweise über den südamerikanischen Kontinent verlief und Brasilien dadurch portugiesisch wurde. Allerdings liegt das heutige Territorium Brasiliens wegen des spanischen Desinteresses an diesen Gebieten zu zwei Dritteln außerhalb der Grenze von Tordesillas und greift weit über sie nach Westen hinaus. Die Demarkationslinie teilte übrigens nicht nur den Atlantik, sondern auch den anderen Teil der Erdkugel; sie wurde einfach über die Pole hinaus verlängert. Dieses Faktum war ein wesentlicher Anreiz für die Fahrt des Magellan gewesen; er hatte geglaubt, daß die Gewürzinseln noch in der spanischen Hälfte der Erde lägen und durch die Westfahrt erreicht werden könnten.

Dieser Versuch der iberischen Mächte, die Welt unter sich aufzuteilen, blieb natürlich nicht unwidersprochen. Als die Spanier versuchten, den Franzosen eigene Entdeckungsfahrten hin zur nordamerikanischen Küste zu untersagen, bemerkte François I. spöttisch, man solle ihm das Testament von Urvater Adam zeigen, in dem dieser den spanischen und den portugiesischen König zu Universalerben eingesetzt habe.

Knut Lindh

Die Wikinger-Saga

Es ist eine der spannendsten und abenteuerlichsten Episoden der nordischen Geschichte: Leif Eirikssohns gefährliche Seereise, die ihn vor über tausend Jahren nach Vinland führte. In einem offenen Boot durchquerten Leif und seine Männer eine der nördlichsten Wasserstraßen der Welt und waren somit die ersten Europäer überhaupt, die im später so benannten »Amerika« an Land gingen.

Die Wikinger bauten an der Nordspitze Neufundlands eine Siedlung und wollten sich in dem neuen Land niederlassen, doch dann kam es zu blutigen Zusammenstößen mit Indianern und Inuit (auch Eskimo genannt) – und die Neuankömmlinge zogen sich zurück. Doch wohin? Gingen sie allesamt wieder nach Grönland, oder haben einige vielleicht die amerikanische Ostküste in südlicher Richtung erforscht und sogar Vorstöße ins Innere des Landes gewagt? Haben sie sich mit Indianervölkern vermischt? Leben ihre Nachkommen vielleicht noch heute in Amerika?

Auch das Schicksal der nordischen Grönländer ist ein Mysterium, das Wissen über dieses Volk ist zum Teil in den Wirren der Zeiten verlorengegangen. Zu einem bestimmten Zeitpunkt sind sie aus ihren kleinen Siedlungen auf Grönland verschwunden. Aber was war mit ihnen geschehen? Wurden sie von den Inuit ermordet? Zwangen die Notzeiten sie dazu, in das von Leif Eirikssohn entdeckte Land auszuwandern? Oder wurden sie von portugiesischen Seeräubern verschleppt und beendeten ihre Tage als Sklaven in Portugal und auf Madeira?

Schon als Kinder hörten wir die Geschichte von Christoph Kolumbus und seiner heldenhaften Seereise zu den karibischen Inseln – sie wurde uns in der Schule erzählt, und in zahllosen Filmen und Fernsehserien sind uns der Genueser Entdecker und seine Taten begegnet. Aber wo bleibt Leif Eirikssohn, der fünfhundert Jahre zuvor unter Einsatz seines Lebens den Weg über das Meer nach Vinland fand, ohne Karte oder Kompaß als Hilfsmittel?

Es ist behauptet worden, daß es sich bei den Berichten über die Fahrten nach Vinland einfach nur um Sagen handele. Der italienische Historiker Gianni Granzotto schreibt 1984 in seiner großen Kolumbus-Biographie, die Wikinger hätten »keine Spuren oder schriftliche Dokumentationen« über ihre Entdeckungen in Amerika hinterlassen: »Die Erinnerung daran, was sie getan oder nicht getan haben, ist kein Teil der Geschichte. Sie lebt nur durch Sagen und mündliche Überlieferung weiter, nur als Hinweis, als eine Vorstellung im Leerraum.«

Granzotto schrieb das zwanzig Jahre nachdem Präsident Lyndon B. Johnson dem einstimmigen Beschluß des US-Kongresses gefolgt war und den 9. Oktober zum *Leif Erikson Day* ausgerufen hatte.

Seine Formulierung steht außerdem im starken Widerspruch zu einem Artikel, den das US-amerikanische Magazin *Time* 1999 veröffentlichte und in dem die Siedlung L'Anse aux Meadows als eine der größten Entdeckungen des 20. Jahrhunderts bezeichnet wird. Der Artikel basiert auf den Arbeiten von Forschern aus aller Welt, in denen diese Siedlung als Beweis dafür angeführt wird, daß die nordischen Grönländer fast fünfhundert Jahre vor Kolumbus Amerika erreicht hatten.

In einem Interview mit der norwegischen Zeitung *Aftenposten* sagte der Autor Helge Ingstad im Jahre 1989: »Wir haben bewiesen, daß Kolumbus zu spät gekommen ist. Aber Leif Eirikssohn war zu früh. Seine Leute verfügten ungefähr über die gleichen Waffen wie die einheimische Bevölkerung. Pfeil, Bogen und Speer. Kolumbus hatte Feuerwaffen und war damit den Indianern im Kampf haushoch überlegen.«

Die Seereise des Kolumbus, die diesen zu den karibischen Inseln führte, sollte ganz andere und weiterreichende Konsequenzen für die Entwicklung des amerikanischen Kontinents haben als die von Leif Eirikssohn so viele Jahre zuvor unternommene Expedition nach Vinland. Das neue Land wurde kolonisiert, die dortige Bevölkerung wurde von ihren Jagdgründen vertrieben und weitestgehend ausgerottet, große Reichtümer wurden nach Europa geschafft, und eine neue Nation wurde aufgebaut.

Leif Eirikssohns Entdeckung des neuen Landes im Westen hatte keine solchen Folgen. Die Vinlandfahrer wurden von Neugier getrieben, nicht vom Drang, sich neues Land zu unterwerfen. Sie waren Fischer und Bauern, die am nördlichsten Rand Europas ein hartes Dasein fristeten. Ihr einziger Wunsch war es, sich in einem milderen Klima niederzulassen.

Inzwischen können wir unzweifelhaft feststellen: die Vinlandfahrer waren die ersten Europäer, die den amerikanischen Kontinent betraten. Das macht sie zu den Hauptpersonen in einem der spannendsten Kapitel der nordischen Geschichte. Einem Kapitel, das von Reiselust und Neugier handelt, dem Antrieb, der jeder neuen Erkenntnis zugrunde liegt ...

Die in der Saga erwähnten Trauben in Vinland, dem »Weinland«, haben im Laufe der Jahrhunderte allen großes Kopfzerbrechen bereitet, die versucht haben herauszufinden, wo genau in Nordamerika Leif Eirikssohn und seine Begleiter ihre Häuser errichtet hatten. Wenn sie wirklich Weinstöcke gefunden haben, dann müssen sie, so der Forscher Helge Ingstad, sehr viel weiter nach Süden gelangt sein, als die Reisebeschreibungen in der Saga Eiriks des Roten annehmen lassen. Ingstad weist darauf hin, daß die nördliche Grenze für den Wuchs wilder Weintrauben in Nordamerika in Massachusetts bei ungefähr fünfundvierzig Grad nördlicher Breite liegt.

Aber das stimmt nicht. Die Autorin Vera Henriksen zitiert in ihrem Buch *Mot en verdens ytterste grense* (»Zur äußersten Grenze einer Welt«) den Franzosen Jacques Cartier, der in den Jahren zwischen 1534 und 1541 dreimal die an der Mündung des St. Lorenz-Stromes unmittelbar im Westen von Neufundland gelegenen Gebiete besucht hat. Er schreibt über »so viele Weinstöcke am Flußufer, daß sie fast aussehen wie von Menschen gepflanzt. Doch da sie weder veredelt noch beschnitten sind, sind ihre Trauben nicht so groß und süß wie unsere.«

Das paßt nun wiederum zu den Erkenntnissen, zu denen Thor Heyerdahl in seinem zusammen mit Per Lilliestrøm verfaßten Buch *Ingen Grenser* (»Keine Grenzen«) gelangt. Darin erzählt Heyerdahl, daß er auf einer Konferenz auf Island die Frage der in der Saga erwähnten vinländischen Trauben angeschnitten habe, worauf allgemein die Ansicht vertreten wurde, das Wort »vin«, so, wie es in den Sagas verwendet wird, beziehe sich tatsächlich auf gegorenen Traubensaft und nicht auf Weideland. »Es wurde darauf hingewiesen, daß das Wort ganz anders betont wird, wenn von einer Weidefläche die Rede ist«, schreibt Heyerdahl.

Er berichtet, daß die isländischen Tagungsteilnehmer davon überzeugt waren, daß die Vinlandreisenden wirklich wilde Trauben gefunden hatten. Er erzählt, der Historiker Páll Bergþórsson habe ihm einen Bogen aus seinem Herbarium geschenkt, auf dem wilde Trauben gepreßt waren, die er selber im August 1996 in der St. Lorenz-Bucht gepflückt hatte. Diese Trauben hatte er als *Vitis riparia* identifiziert, eine wilde Traubenart, die auf englisch »Riverbank Grape« genannt wird. Dies stimmt mit botanischen Fachbüchern überein, die angeben, daß diese Trauben in so weit nördlichen Gegenden wie der Provinz Québec vorkommen. Aber so weit im Osten wie Neufundland sind sie niemals registriert worden. Das muß jedoch nicht heißen, daß Heyerdahl sich geirrt hat. Vor tausend Jahren herrschte in Neufundland ein milderes Klima als heute, und deshalb können die *Vitis riparia* durchaus vor tausend Jahren, als Leif Eirikssohn in L'Anse aux Meadows an Land ging, dort heimisch gewesen sein. Es ist natürlich auch möglich, daß die Vinlandfahrer die St. Lorenz-Bucht erforscht und dort Weintrauben gefunden haben, auch wenn die Sagas das nicht erwähnen …

»Der Junge, der die Lehre des Papstes über den Atlantik getragen hat, hieß Leif Eirikssohn. Wir brauchen nur diesen Namen zu nennen, und die Gemüter kommen in Wallung.«

Das schreibt Thor Heyerdahl in seinem Buch *Ingen Grenser* und liefert die Erklärung gleich hinterher: »Die Antwort ist kompliziert und hängt damit zusammen, daß die Christenheit während der vergangenen fünf Jahrhunderte in Anhänger und Gegner des Stuhls Petri gespalten war – ein Konflikt, der zu ebenso gewalttätigen Verfolgungsmaßnahmen und Schikanen geführt hat wie denen, denen die ersten Anhänger des Gottes der Liebe ausgesetzt waren. Leif Eirikssohn und Christoph Kolumbus, beides gute Katholiken, wurden gegeneinander ins Treffen geführt wie Konkurrenten bei einer Regatta, obwohl doch 492 Jahre zwischen ihren Reisen lagen. Es wird dabei leicht vergessen, daß beide denselben Glauben hatten.«

Die Veröffentlichung von Heyerdahls Buch konnte die Gemüter aber nicht beruhigen, denn jetzt galt Leif Eirikssohn nicht nur als Entdecker Amerikas, sondern – Heyerdahl zufolge – auch als Apostel Vinlands, der die »Lehre des Papstes über den Atlantik getragen hat«, und zwar nicht nur über den nördlichen Teil dieses Meeres nach Grönland, sondern auch in das noch weiter im Westen gelegene neue Land.

Doch eigentlich kommt diese Ehre Olav Tryggvassohn zu. In seinen Adern floß königliches Blut – weshalb er als kleiner Knabe aus seinem Heimatland verjagt wurde. Auf der Ostsee wurden Olav und sein Gefolge von Seeräubern angegriffen, die den Jungen in Estland als Sklaven verkauften. Einige Jahre später brachte Fürst Wladimir von Nowgorod die Identität des jungen Olav heraus, kaufte ihn frei und gab ihm eine Erziehung, die eines künftigen Königs würdig war. Olav war ein hochgewachsener, gutaussehender Mann, er war der beste Sportler weit und breit und wurde zu einem hervorragenden Krieger. Als er erwachsen geworden war, und damals galt man schon früh als erwachsen, beteiligte er sich an Kriegsfahrten in die Ostseeländer, die Niederlande, England, Schottland und Irland. Es war ein gefährliches, aber einträgliches Geschäft – Olav häufte Gut und Geld an und schaffte es ganz nebenbei, sich taufen zu lassen und dem barmherzigen Christus ewige Gefolgschaft zu schwören, da dieser sich auf so seltsame Weise in den südlich gelegenen Ländern solch große Macht verschafft hatte. Olav war beeindruckt von den mächtigen Kathedralen und den reichen Klöstern und von der Achtung, die Könige wie kleine Leute den Dienern der Kirche entgegenbrachten – diesen mächtigen Priestern und Bischöfen.

Olav Tryggvassohn kehrte als großer Mann nach Norwegen zurück und konnte dort das Königreich, das ihm viele Jahre zuvor mit List genommen worden war, wieder in seinen Besitz bringen. Die Jahre im Exil hatten ihn vielleicht gelehrt, wie effektiv sich das Christentum als Regierungswerkzeug einsetzen ließ – es war leichter, fromme Untergebene zu beherrschen, die einem die andere Wange zukehrten, als jähzornige Provinzkönige, die immer wieder auf ihr Recht pochten.

Olav ernannte Trondheim zu seinem Königssitz und dorthin wurde auch Leif Eirikssohn aus Grönland gebracht, als er kurz vor der Jahrtausendwende mit seinem Schiff in Norwegen anlangte. Die Saga Eiriks des Roten berichtet, daß der König Zuneigung zu dem jungen Grönländer faßte und ihn in seine Garde aufnahm. Doch dann kam dem König eine Idee: Island und die Orkney-Inseln waren nun bereits christianisiert, doch auf Grönland – diesem unabhängigen westlichen Vorposten – beherrschten weiterhin Wotan und Donar die Gemüter der Menschen. Wenn er die Grönländer bekehren könnte, würde ihm das das Wohlwollen des mächtigen Papstes in Rom eintragen, zugleich jedoch würde er, Olav, sein Königreich gewaltig vergrößern. Und nun hatte er das dazu benötigte Werkzeug gefunden: Den jungen Grönländer, der genau im richtigen Moment zu Besuch gekommen war.

Snorri Sturlassohn verliert nicht viele Worte über Leif Eirikssohn und dessen Entdeckung Amerikas, aber Leifs Heimkehr nach Grönland ist ihm immerhin eine Erwähnung wert. Er berichtet, Leif sei noch im selben Sommer nach Grönland gesegelt, um dort das Christentum zu verbreiten: »Im Meer barg er eine Schiffsmannschaft, sie waren hilflos und wurden auf ihrem Wrack einhergetrieben. Danach fand er auch Vinland, das gute Land, und gelangte später im Sommer nach Grönland. Mit ihm reisten Priester und Lehrer, und er begab sich zu seinem Vater Eirik nach Brattahlið und ließ sich dort nieder.«

Snorris Beschreibung der ersten Vinlandfahrt stimmt mit der ebenso kurzen Darstellung in der Saga Eiriks des Roten überein – mit einer Ausnahme: Snorri erwähnt, daß Leif »Priester und Lehrer« bei sich hatte. Auf diesen beiden Episoden baut Thor Heyerdahl auf, wenn er Leif zum ersten Missionar in Amerika ausruft: »Auf diese Weise konnte der siegreiche Olav Tryggvassohn das tausendjährige Jubiläum des Christentums im Triumph feiern, als erster katholischer König, der zielstrebig aktive Missionare über die Nordsee und über den Atlantik gesandt hatte.«

Als PR-Nummer bei einer Buchvorstellung macht sich das ja auch gut, doch daß Leif bei seinem Eintreffen in Vinland Priester und Lehrer bei sich gehabt haben soll, macht aus der Expedition noch längst keine Missionsreise – denn ein Missionar braucht eine gewisse Anzahl von Heiden, um seine Aufgabe erfüllen zu können, und von denen ist bei Snorri und in der Saga Eiriks des Roten schließlich kaum die Rede.

Die Grönlandsaga und die Saga Eiriks des Roten sind die Hauptquellen, was die Vinlandreisen angeht. Doch beide wurden erst über zweihundert Jahre nach den Expeditionen verfaßt, was ihre Deutung so schwierig macht. Denn was mag über so viele Jahre hinweg durch die mündliche Überlieferung verschwunden – und was mag möglicherweise hinzugefügt worden sein?

Kej Hielscher, Renate Hücking

Pflanzenjäger

Sie landen mit dem Flugzeug in den Tropen. Vor Ort sind sie mit Geländefahrzeugen unterwegs. Die besten Landkarten und Navigationssysteme weisen ihnen den Weg durch den Busch, und das »Handy« hilft, wenn es brenzlig wird: Pflanzenjäger heute! Statt mit Botanisiertrommel und Pflanzenpresse rücken sie mit Kamera, Mikroskop, Analyse- und Bodenprobenset an, und zum Abtransport ihrer Beute dienen Kühlbox und Folie.

Pflanzenjäger – ein zwiespältiger Begriff: In dem Wunsch, »Beute zu machen« und eine Pflanze »zur Strecke zu bringen«, beinhaltet er auch Gewalt und Zerstörung. Andererseits – welches Übermaß an Schönheit, welche Vielfalt an Pflanzen, Farben und Formen ist durch die Pflanzenjäger aus fremden Ländern und fernen Kontinenten zu uns gekommen.

Nur die jagdbesessenen und gartenvernarrten Engländer konnten den Begriff des *plant hunters* erfinden, um damit Menschen (fast ausschließlich männlichen Geschlechts) zu bezeichnen, die keine Strapaze und keine Gefahr gescheut haben, um den ungeheuren Pflanzenschatz der englischen Gärten zu beschaffen. Männer wie Sir Joseph Banks und Sir Joseph Dalton Hooker, David Douglas, Ernest Wilson und Francis Mason werden noch heute in Großbritannien wie Helden gefeiert, und die abenteuerlichen Reisen dieser schillernden Persönlichkeiten sind der Stoff zahlreicher Bücher ...

Nach der Jahrhundertwende wurde das Gärtnern immer populärer. Ob reich, ob arm – alle griffen zum Spaten. Pflanzen eroberten das Zimmer. Grün wucherte in Erkern und Veranden. Glashäuser wurden gebaut. Der Hobbygärtner war geboren. Gartenmagazine rieten dies oder jenes. Die Zahl der Gartenbaubetriebe wuchs, auch das Wissen um die erfolgreiche Kultivierung der kälteempfindlichen Gewächse.

Die Nachfrage stieg, und zunehmend wurden bezahlte Sammler in die Welt geschickt, um für Nachschub zu sorgen: Die Pflanzenjagd wurde zum Beruf. Der Profi wollte nicht mehr die Vielfalt der Flora wissenschaftlich erkunden, sondern suchte gezielt nach attraktiven Gewächsen für den heimischen Markt. Hochspezialisiert waren beispielsweise die Orchideenjäger, die wie Wilhelm Micholitz mit genauen Instruktionen ihrer Arbeitgeber ganze Landstriche absuchten und häufig auch total »abräumten« …

Zu allen Zeiten waren Pflanzenjäger gierig – die einen aus wissenschaftlichem Eifer, die anderen aus Gewinnsucht. Darüber hinaus mußten sie dem drohenden Verlust ihrer Beute vorbeugen, denn zu Tausenden gingen die Gewächse auf den Monate dauernden Transporten ein. Sie vertrockneten, erfroren, wurden über Bord gespült oder vom Salzwasser zerfressen – es gab viele Ursachen für das Pflanzensterben auf See. Erst die Erfindung des Dr. Ward brachte Abhilfe. Der englische Arzt baute 1829 einen luftdichten Glaskasten, die *Wardsche Kiste,* in der die Pflanzen durch das Kondenswasser feucht gehalten wurden, nach außen aber geschützt waren, und deshalb ihre Zielorte sehr viel häufiger frisch und unversehrt erreichten.

In den seltensten Fällen wurde die Sammelwut der Jäger und der Export ihrer Beute durch gesetzliche Bestimmungen eingeschränkt. Ausnahmen waren kommerziell wertvolle Nutzpflanzen wie Gewürze, Kautschuk oder Tee. Das war das »grüne Gold«, und die Kolonialmächte setzen alles daran, Monopole zu errichten. Dagegen waren Zierpflanzen, oder was Europäer dafür hielten, vogelfrei. Für Pflanzenjäger waren das paradiesische Zustände. Erst im 19. Jahrhundert regten sich besorgte Stimmen, die vor dem Raubbau beispielsweise bei bestimmten Orchideenarten warnten …

Da heute die meisten exotischen Pflanzen in Gewächshäusern kultiviert werden, steht ein massenhafter Wildpflanzenexport nicht mehr auf der Tagesordnung. Doch für Pflanzenjäger gibt es noch viel zu entdecken. Soeben hat ein

Botaniker eine neue Schätzung veröffentlicht, wonach es weltweit rund 422 000 Arten von Blütenpflanzen gibt, etwa 100 000 mehr, als bislang angenommen. Das vermutete Potential an noch unerforschten Eigenschaften und Wirkstoffen der Gewächse beflügelt die Phantasie der Pflanzenzüchter und Genetiker, vor allem in der Saatgut-, der Pharma- und Kosmetikindustrie ...

Adelbert von Chamisso: auf Pflanzensuche einmal um die Erde

»Ich bin Franzose in Deutschland und Deutscher in Frankreich; Katholik bei den Protestanten und Protestant bei den Katholiken, Weltmann bei den Gelehrten und Schulmeister bei der feinen Gesellschaft; Jakobiner bei den Aristokraten und bei den Demokraten ein Adliger.« Das gesteht Adelbert von Chamisso 1810 am Tisch der Madame de Staël und beklagt sich: »Niemand will mich, überall bin ich ein Fremder. Ich bin unglücklich, und weil mein Platz für heute abend noch nicht festgelegt ist, erlauben Sie mir, mich in der Loire zu ertränken.«

Solche Gedanken laut zu äußern, würde die Etikette verletzen. Deshalb ist das an die Hausherrin gerichtete Geständnis auf ein Zettelchen geschrieben. Man spielt »Petite poste«, ein beliebtes Gesellschaftsspiel, um »stumm« Galanterien auszutauschen. Madame de Staël antwortet dem Lebensmüden: »Warten Sie noch einen Monat.« ...

Chamisso, der 1781 auf Schloß Boncourt als Sohn des Comte Louis Marie de Chamisso zur Welt kommt, stammt aus uraltem Adel. Seine unbeschwerte Kindheit zerstört 1989 die Französische Revolution. Der Adel wird vertrieben. Die Mutter flieht mit ihren sechs Kindern über Lüttich, Den Haag, Düsseldorf und Würzburg nach Berlin, wo die vierjährige Odyssee 1796 endet. Chamissos Brüder verdienen den Unterhalt für die Familie als Porzellanmaler in der königlichen Manufaktur, Adelbert wird Page bei Königin

Friederike Luise im Charlottenburger Schloß. Die Monarchin läßt den hübschen Jungen von Privatlehrern unterrichten. Am Französischen Gymnasium, von Hugenotten gegründet, darf er anderthalb Jahre lernen. Mit 17 kommt er auf die Kadettenanstalt. Erst wird er Fähnrich, später Leutnant.

Als Chamissos Familie 1801 nach Frankreich zurückkehrt, kann sie Adelbert aus Geldmangel nicht mitnehmen. Der junge Offizier tröstet sich mit Büchern, liest Rousseau und Voltaire und immer wieder Schiller. Er sucht seine Freunde unter Literaten und Diplomaten, denn preußischer Drill ist ihm verhaßt. Besonders quält ihn der Gedanke, daß er vielleicht einmal auf Franzosen schießen müßte. Er bittet deshalb um seinen Abschied und ist erleichtert, als er 1808 in Ehren aus der preußischen Armee entlassen wird.

Der Offizier a. D. wandert zwischen Frankreich und Deutschland und gerät schließlich in den Kreis von Madame de Staël – zwei Jahre hat er in ihrer Nähe verbracht. Im Schweizer Exil der Französin, auf Schloß Coppet, wird ihm bewußt, daß er, als 30jähriger, immer noch keinen Beruf ausübt. Zwar beschäftigt er sich mit Literatur, lernt Englisch, aber er spürt die Ziellosigkeit seiner Studien, die er oft nur aus Langeweile betreibt.

Chamissos erste Begegnung mit der Botanik

Da erreicht den mutlosen Chamisso ein Brief aus Frankreich. »Wie kann einer in der Schweiz Englisch lernen«, wundert sich sein langjähriger Freund Louis de la Foye, der in Caën als Botanikprofessor Karriere macht. »Lerne doch lieber die Blumen kennen und lieben«, rät er, »dann bist Du nie wieder allein! Kennst Du keinen Botaniker in Genf? Und könntest Du mir nicht Alpenpflanzen beschaffen – ich gäbe Seepflanzen dafür.«

Der Brief wirkt auf Chamisso wie eine Botschaft. Er klappt die englischen Bücher zu und durchstreift jetzt neugierig seine nächste Umgebung. Wie schön ist die Alpenflora! Doch er kennt kaum eine dieser Pflanzen. Mühsam identifiziert er die Gewächse mit Hilfe von Fachbüchern und lernt ihre lateinischen Namen. Bald sieht man ihn auf Berge klettern und über Hochebenen spazieren. Tagelang ist er unterwegs, um schöne Blumen zu finden. Unlust und Depressionen scheinen sich in der Gebirgsluft aufzulösen. Seinem Freund de la Foye meldet er glücklich, mit Hilfe des Verzeichnisses *Synopsis plantarum in Flora descriptarium* habe er schon ein paar Hundert Blumen identifiziert.

Als sich Madame de Staël nach Wien aufmacht, folgt Chamisso ihr nicht mehr. Der Bann ist gebrochen. »Ich bin nun ganz rücksichtslos mein eigener Herr«, schreibt er und bricht auf nach Berlin. Dort will er an der Universität Naturwissenschaften studieren. Auf dem Weg nach Preußens Hauptstadt überquert der angehende Student zu Fuß die Alpen, wie ein leidenschaftlicher Botaniker auf der Pirsch nach Pflanzen.

Student in Berlin

Selten findet sich in einem Hörsaal ein so eifriger Student wie der inzwischen 31 Jahre alte Chamisso, der nun keine Zeit mehr vergeudet. Er hat alle Grundkurse der Botanik, dazu Anatomie und Psychologie sowie Zoologie belegt und arbeitet wie ein Besessener. An Wochenenden treibt der Spätzünder seine Studienkollegen hinaus zu Feldforschungen, egal ob es regnet, die Sonne vom Himmel brennt oder die Truppe auf der Jagd nach Pflanzen Seen und Bäche durchwaten muß …

Chamissos Studienglück wird unterbrochen, als sich Preußen im März 1813 gegen die französische Besetzung des Landes wehrt und den Befreiungskrieg beginnt. In Berlin wird es nun für den geborenen Franzosen unsicher. Deshalb bringen Freunde Chamisso nach Kunersdorf im Oderbruch auf das Schloß des Grafen Itzenplitz. Der Adelige hat zwei

Söhne, die Chamisso in Französisch und Botanik unterrichten soll. In seiner freien Zeit botanisiert der Hausgast, er sammelt und studiert die dort wachsenden Laichkräuter (*Potamogeton*). Über diese Wasserpflanzen verfaßt Chamisso, in lateinischer Sprache, seine erste wissenschaftliche Arbeit. Dieses Werk kennen bis heute nur Fachleute.

Dichter in Kunersdorf

Zum Welterfolg aber wird ein Märchen, das Chamisso zur gleichen Zeit aus der Feder fließt: *Peter Schlemihls wundersame Geschichte.* Es erzählt vom Schicksal eines Mannes, der seinen Schatten für einen nie versiegenden Goldbeutel verkauft. Reich, aber allein, weil jedermann sich vor dem Schattenlosen fürchtet, wirft er den Beutel schließlich von sich. Nun wieder arm, sucht er seinen Schatten, wandert durch das Land, und als er eines Tages neue Stiefel braucht, kauft er sich Schuhe, die Siebenmeilenstiefel sind. Mit Riesenschritten führen sie den Peter Schlemihl durch die ganze Welt.

Ahnt Chamisso, während er das Märchen im Schloß vorliest, daß seine Vision bald Realität für ihn werden soll? Daß er die Welt umsegeln wird? Daß er hier im Oderbruch mit *Peter Schlemihls wundersamer Geschichte* Weltliteratur geschrieben hat?

Chamissos Kunstfigur erinnert an sein eigenes Schicksal: So wie Schlemihl seinen Schatten verliert, fühlt sich Chamisso entwurzelt, auf der Suche nach einer Heimat. Der durch den Lauf der Geschichte zwischen Frankreich und Deutschland Hin- und Hergerissene hat sein Lebensgefühl einmal so beschrieben: »Ich hatte kein Vaterland mehr oder noch kein Vaterland.«

Als er zufällig in einer Zeitung liest, daß ein russisches Schiff eine Erdumsegelung plant, glaubt er, einen Ausweg aus seiner europäischen Misere gefunden zu haben. Er bewirbt sich um die Teilnahme als Naturforscher und erhält eine Zusage.

Chamisso gehört damit als Titulargelehrter für Botanik zu einer von dem russischen Grafen Romanzoff finanzierten Expedition. Sie hat das Ziel, am nordöstlichsten Ende Rußlands eine Durchfahrt zum Atlantischen Ozean zu erkunden. Außerdem sollen die Küsten des nördlichen Alaska und der umliegenden Inseln geographisch und geologisch erforscht werden. Die Russen erklären Chamisso, daß bei dem Unternehmen finanziell nichts zu holen sei, als Lohn gelte das Privileg, an einem rühmlichen Unternehmen mitgewirkt zu haben. Die Expedition soll drei Jahre dauern …

Auf nach Südamerika

Die »Rurik« segelt dem Äquator entgegen. Bei gehißter Flagge und unter Kanonendonner aus allen Rohren überquert sie ihn am 23. November 1815 um 20.00 Uhr. Es gibt ein Festmahl: Haifischfleisch und Punsch in reichlichen Mengen.

Am 14. Dezember, nach 45 Tagen auf dem Atlantik, landet das Schiff an der Küste von Brasilien, im Hafen von Santa Katarina. »Hier umfängt eine neue Schöpfung den Europäer«, schreibt Chamisso in sein Tagebuch. Er stürmt von Bord und erlebt die Neue Welt ähnlich wie Humboldt und Bonpland, die 1799 nach der Ankunft in Venezuela glaubten, von Sinnen zu kommen, »wenn die Wunder nicht bald aufhören«.

Bananenplantagen, Kaffeesträucher, Baumwollfelder und Kokospalmen sieht Chamisso zum erstenmal in seinem Leben. Bereitwillig erklären ihm portugiesische Plantagenbesitzer den Anbau tropischer Nutzpflanzen. Den Pflanzenjäger aber drängt es in die dunklen Wälder. Unerschrocken taucht er in ihre feuchtheiße Wildnis ein und kämpft sich durch mannshohe Gräser und Farne. Fieberhaft sammelt er die wunderbaren Pflanzen: »Hoch auf den Ästen wiegen sich luftige Gärten von Orchideen, Farnen, Ananasgewächsen. Die *Tillaudsia usneoides*, der Greisenbart, überhängt das Haupt alternder Bäume mit grauen Silberlocken«, schildert Chamisso den Urwald. »Senkt sich die Nacht über diese grüne Welt«, fährt er fort, »entzündet rings die Tierwelt ihr Leuchtfeuer. Luft, Gebüsch und Erde erfüllen sich mit Glanz und überleuchten das Meer; und bei dem märchenhaften Schein erschallt das Gebell und das Gepolter der froschähnlichen Amphibien und der helle Ton der Heuschrecken.«

Viel zu früh für die Jahreszeit setzt plötzlich Tropenregen ein. Heftige Stürme kommen auf. Sie reißen das von der Mannschaft am Kai von Santa Katarina errichtete Zeltlager mit sich fort. Chamisso sieht voller Entsetzen seine Pflanzenpakete im strömenden Regen liegen. Die Matrosen hatten sie im Zelt als Sitzgelegenheit benutzt und sich nicht weiter um sie gekümmert. Eine Katastrophe für den Botaniker. Aufgeregt überprüft Chamisso die beschädigten Pakete. Später kann er aufatmen, denn es gelingt ihm, den größten Teil des unersetzbaren Pflanzenguts durch nochmaliges Trocknen vor dem Verfaulen zu retten ...

Unwetter am Kap Horn

Die »Rurik« setzt ihre Reise fort. Bei Kap Horn treibt der Sturm das Schiff wie eine Nußschale vor sich her. Meterhohe Wellen schleudern es von ihrem Kamm in die Tiefe. Wuchtige Wassermassen zerschlagen Teile des Schiffs und reißen beim Eindringen den Kapitän mit sich fort. Glücklicherweise verfängt er sich in vorbeischwingenden Tauen und kann so gerettet werden.

Dagegen weht es 40 lebende Hühner einfach von Bord. Solche Unwetter vergißt keiner der Männer. Als die See sich beruhigt hat, repariert die Mannschaft die Schäden. Das Steuerruder ist defekt, aber die Instrumente sind unversehrt geblieben. Pech nur: Nach dem Verlust der Hennen bleibt den Weltumseglern nur ihre Standardkost – russische Kohlsuppe.

Chamisso fischt Teile des gigantischen Seetangs *Fucus pe-*

rificus und *Fucus antarcticus* aus dem Wasser und hängt seine Beute zum Trocknen in den Mastkorb. Wieder einmal hat er Pech: Die grüne, schwammige Masse fällt der Schiffsreinigung zum Opfer ...

Kalifornischer Mohn für Berlin

Am 14. September legt die »Rurik« bei Vollmond und günstigem Wind ab und läuft am 2. Oktober 1816 im Hafen von San Francisco ein. Jetzt nutzt Chamisso jede Gelegenheit, die kalifornische Flora zu untersuchen. Mit gebeugtem Rükken wühlt er sich durch das Gestrüpp auf den Sanddünen. Die schon herbstliche Landschaft beschreibt der Sammler: »Die hiesige Flora bietet dem Botaniker vieles Neues dar. Zu bekannten nordamerikanischen Gattungen *Ceanothus* [Säkkelblume], *Mimulus* [Gauklerblume), *Oenothera* [Nachtkerze], *Solidago* [Goldrute], Aster, *Rhamnus* [Faulbaum], *Salix* [Weide] und *Abronia* [Samtverbene] gesellen sich eigentümliche; die mehrsten sind unbeschrieben. Wir sammelten aber den Samen mancher Pflanzen und dürfen uns versprechen, unsere Gärten bereichern zu können.«

Wie recht Chamisso mit seiner Beobachtung hatte. Noch ahnt er nicht, daß ihn der mitgebrachte Kalifornische Goldmohn, Schlafmützchen genannt, in Deutschland unter Botanikern berühmt machen wird. Sein getrocknetes Exemplar der Pflanze wird bis heute im Herbar des Botanischen Gartens Berlin-Dahlem aufbewahrt.

Reinhold Messner
Der Nackte Berg

Das Schlüsselerlebnis meines Lebens liegt lang zurück. Und alles geschah weit weg: Im Himalaja, am Nanga Parbat. Dabei erfuhr ich jenes erweiterte Dasein, das auf zwei Ebenen des Bewußtseins abläuft. Als wäre im Gehirn etwas verrückt. Ich erlebte bewußt, wie Tod und Leben zuerst geschahen, um dann – fast gleichzeitig – Teil meiner Biographie zu werden. Und dieses versetzte Geschehen ist mir als Erleben meines Sterbens in Erinnerung geblieben und gleichzeitig wie die unmögliche Geschichte meines Überlebens.

Die Überschreitung des Nanga Parbat 1970, von Süden nach Nordwesten, war also mehr für mich als ein Übergang im geographischen Sinn. Es war wie eine Grenzüberschreitung vom Diesseits zum Jenseits, vom Leben zum Tod, vom Tod zum Leben.

Ich erzähle das alles noch einmal weit ausholend nach, um auch all die anderen einzubringen, die zum Geschehen gehören, sowie die Vorgeschichte, die im Unbewußten von Anfang an Teil des Erfahrens war.

Eine Woche lang war ich damals allein gewesen. Ohne Trost, ohne Hoffnung, ohne Geschichte ging ich talwärts.

Ich hatte gelitten, gefroren, war gestorben – ausgehungert bis zur nackten Seele, kam ich zurück zu den Menschen. Als ich endlich all die anderen wiedersah, diejenigen, die ich als Retter erwartet hatte, war der Nanga Parbat weit weg, ein unberührter Gipfel über den Wolken: der Nackte Berg. Auch mein Bruder war weit weg. Wo aber war ich? Ich sah mich im Industal um, fühlte Sehnsucht, Angst und Schmerzen. Also war ich noch da.

Auch heute noch, im Rückblick, sehe ich mich gleichzeitig als Betroffener und Beobachter dieser Tragödie. Als wäre ich durch mehrere Stufen meines Bewußtseins gegangen, bleibt das Überleben am Nanga Parbat in mir lebendig wie ein intimes Wechselspiel von Dabei-Sein und Weit-weg-Sein. Und genauso wie ich diese Nanga-Parbat-Expedition erlebt habe, als Wechselspiel von reiner Wahrnehmung und erlebter Geschichte, will ich sie weitererzählen: eine Tragödie, die am Anfang meiner Identität als Grenzgänger steht. Und als Schock.

Im Gipfelbereich, nur noch vom Überlebenstrieb gesteuert, sah ich mich häufig von außen! Als wäre mein Geist von meinem Körper getrennt. Dann wieder erlebte ich, wie der Verstand, der die Emotionen geradezu körperlich aufarbeitete, sie mit meinem Sein verknüpfte – zu einer letztendlich unumstößlichen Gewißheit. So wurde aus Gefühlen der Ausweglosigkeit Schicksal und Teil meiner Biographie.

Ich frage mich nicht, was zur Fähigkeit dieses bewußten Erlebens führte. Mir geht es um ein Selbst, das erst durch diesen Prozeß geboren wird. Ich erzähle also eine Geschichte, die weit über mein Leben hinausgeht, und ich schreibe sie so nieder, wie ich sie erlebt habe, gleichsam als beobachtender Beteiligter.

Wie aus äußeren Sinnesreizen und der Sorge ums Überleben Angst wird, wie der Mensch zwischen Durchkommen und Umkommen reagiert, ist mein Thema.

Ohne bewußt interpretieren zu wollen, wie was geschah, berichte ich von meinem Zerrissensein. Erlebte ich doch das Überleben damals als Trennung zwischen Dabei-Sein und Daneben-Stehen. Mein Gehirn registrierte alle Vorgänge sehr genau – die äußeren ebenso wie die emotionalen, die körperlichen und die mentalen –, es war, als gäbe es Zwischenräume zwischen Fühlen, Erkennen und Speichern.

Obwohl am Ende nur noch auf die pure Lebenserhaltung des Organismus ausgerichtet, wirkten sich diese Sprünge im Gehirn, verlangsamt vielleicht durch die Todesnähe und gebremst durch den Sauerstoffmangel, auf mein Bewußtsein aus wie eine Schizophrenie. Wahrnehmungen und Emotionen standen sich gegenüber wie Bilder von Sonne und Mond.

Genauso wie aus äußeren Sinnesreizen Gefühle entstehen und das Erlebnis hinterher wie ein »Film im Kopf« übrigbleibt, springt mein Erzählen in der kritischen Phase von der ersten zur dritten Person.

Indem ich meinen »Film im Kopf« unterschneide mit den Emotionen des Zuschauers, versuche ich, anschaulich zu machen, wie in Todesnähe das bewußte Selbst entsteht …

Günther ist unvergessen

Die Rupalwand am Nanga Parbat war 1970 genau nach unserem Geschmack: steil, hoch und weit weg.

Als ein Journalist meinen jüngeren Bruder nach unserer Wand fragt, bekommt er zuerst keine Antwort. Günther schaut ihn nur an. Als ob er sich die Riesenwand nicht vorstellen könne. Diese Stille im Raum! Günthers Schweigen ist Teil seiner Antwort. Dann zeigt er ein Foto. »Sie ist sehr hoch.«

Nach der langen Pause und in die Stille hinein wirkt dieser eine Satz wie eine Explosion. Ja, es ist spürbar, der Berg auf dem Bild wächst ins Unendliche. Ein Berg wie im Vergrößerungsglas! Was wir dort wollen, fragt der Journalist. Günther schweigt wieder. Lange. Mein Bruder schaut den Fremden nun an. Erst im Weggehen, nach noch längerem Schweigen, sagt er ein paar Belanglosigkeiten. »Nur weg hier, auf und davon, weit weg.«

Günther, mein jüngerer Bruder, ist tot, und doch ist er lebendig, wenn ich heute von ihm träume.

Günther und ich klettern in der Nordwand der Kleinen Fermeda. In den Dolomiten. In der Geislergruppe. Wir haben gerade ein Schneefeld gequert. Ich steige in die senkrechte Gipfelwand ein. Das Hanfseil, das ich um den Bauch gebunden nachziehe, wird von Günther nachgegeben, der es über seine Schulter laufen läßt und mich so sichert.

Die Nordwand der Kleinen Fermeda war die erste Wand,

die wir selbständig kletterten. Und wir waren stolz auf unsere Selbständigkeit.

Ich quere an brüchigem Fels nach rechts und gewinne einen Riß, der am Gipfelgrat endet. Hunderte Meter fällt die Wand steil unter mir ab. Ich treffe mit meinen groben Schuhen an einen vorstehenden Stein. Er bricht ab und stürzt krachend in die Tiefe. »Noch zehn Meter Seil«, ruft Günther.

Über dem schattigen Abgrund scheint die Sonne. Wir können Kälte und Gefahr spüren, wenn wir uns vorbeugen und in den Abgrund sehen. Ich winde mich mit ein paar katzenhaften Bewegungen nach oben und stehe am Grat in der Sonne. Rasch lege ich das Seil um einen Felskopf und lehne mich über die Wand. »Stand«, rufe ich. Günther kann nachkommen!

Als ich unsere letzte gemeinsame Tour zu schildern versuchte, waren die Eindrücke noch so frisch und das Fehlen des Bruders so schmerzvoll, daß ich mich abwechselnd in die Rolle von Akteur und Beobachter versetzen mußte, um nicht wieder verrückt zu werden. Diese Schizophrenie war wie Medizin. Trotzdem: Ich wollte kein Selbstmitleid aufkommen lassen und zählte die Zeit rückwärts. Bis zum Tod von Günther. Womit alles endete und alles beginnt.

Damals wie heute, ich spüre den Stillstand der Zeit, wenn Günther neben mir ist. Wir reden dann miteinander, und alles liegt noch vor uns. Als hätte ich die späteren Jahre vergessen.

Beim Abstieg nach Günthers Verschwinden war ich so unendlich allein, daß ich dauernd Selbstgespräche führte. Es waren Tage voller Verzweiflung, und ich redete um mein Leben. Als wäre allein das Sprechen genug, um mir noch Hoffnung zu geben. Reden war überlebensnotwendig geworden. Galt es doch zu bleiben, nur diesen einen Tag noch am Leben zu bleiben.

Am Tod war nichts zu deuten, weil es dann kein Selbst mehr gibt. Aber auch als Zurückgebliebener erlebte ich das Immer-ferner-Werden als Verlassen-Werden, als eine Art

Auflösung. Vielleicht, weil so viel Einsamkeit ohne bleibende Schäden weder zu ertragen noch zu überleben ist.

Günther war tot. Ich mußte es allein nach Hause schaffen.

Inzwischen habe ich das alles hundertmal erzählt, Einzelheiten wieder und wieder geträumt und damit auch versucht, Günther festzuhalten, und ihn gleichzeitig Stück für Stück losgelassen. Den Tod aber zu oft auf ein paar Sätze reduzieren zu müssen tut weh. Was nicht faßbar ist, braucht Zeit. Nun aber, 30 Jahre später, werden Zusammenhänge deutlich und Hintergründe hell. Mit Hilfe von Tagebuchaufzeichnungen, Zitaten aus offiziellen Expeditionsberichten und Briefen erzähle ich von meinem Schicksalsberg. Bruchstückhaft, Mosaiksteinchen gleich, fügt sich aus Traum und Erinnerung unsere Überschreitung des Nanga Parbat zu jenem Bild, das zeitlos ist.

Bereit, mein eigenes Selbst als Summe von Draußen und Drinnen, von Körper und Geist zu begreifen, kann ich die schwierigsten Tage meines Lebens endlich niederschreiben: als Geschichte vom Nackten Berg …

Am Gipfel

Ganz plötzlich, es ist, als wäre alle Neugierde erloschen, stehe ich oben auf einer letzten Firnkuppe – am Gipfel des Nanga Parbat. Ich schaue mich kurz um. Nein, nichts ist wie in einer Märchenwelt. Ich bin ausgepumpt, und es ist nicht viel zu sehen. Ich stehe da und weiß nicht recht, warum. Zeitlupenartig die Wahrnehmung; Stillstand am Ende der Langsamkeit.

Günther sitzt weiter unten und fotografiert. Dann kommt er nach, Schritt für Schritt. Jetzt ist er da, wir sind beide ganz oben. Er zieht seine Fäustlinge aus und streckt mir die Hand hin. Zwei kalte Hände greifen ineinander. Weil wir gemeinsam da sind, kommt trotz Müdigkeit und Lethargie Genugtuung auf. Eine Art Freude.

Daß Günther dabei war, macht mir diese Gipfelstunde

heute so wertvoll. In der Erinnerung ist sie trotz aller Alltäglichkeit schön. Seine Augen sehe ich immer noch – wie damals. Ich weiß nicht, warum auch er die Brille abgenommen hatte. An Schneeblindheit dachte keiner von uns. Da wir vorher nie auf einem Achttausendergipfel gewesen waren, machten wir das, was wir tausendmal auf anderen Gipfeln getan hatten: Händedruck, rasten, schauen. Ich war überrascht, als Günther mir auf die Schulter klopfte.

Ob ich etwas zu ihm sagte? Nein, ich weiß es nicht mehr. Wir fotografierten uns gegenseitig, schauten in die Runde. Ja, wir mußten absteigen. Vielleicht blieben wir eine Stunde. Obwohl es spät war. Zu spät?!

Als wir gehen wollen, versuche ich meine großen Norweger-Handschuhe wieder anzuziehen. Aber sie sind hart gefroren. Ich kann sie nicht mehr über die anderen Handschuhe streifen. Da ich aber ein Paar in Reserve dabeihabe, lege ich die beiden nutzlos gewordenen Klumpen aus Filz, Eis und Schnee auf die ersten Felsen westlich der Gipfelkuppe. Dann schichte ich ein paar Steine darauf. Nur so. Und doch bleibt damit etwas zurück: unser Zeichen! Dieser Steinmann am Gipfel des Nanga Parbat ist wie ein Symbol. Wofür? Wir wissen es nicht.

Günther lächelt über den Einfall. Ein Steinmann! Wozu, will er sagen. Der Sturm wird ihn bald umwerfen. Von Buhl ist auch nichts mehr da. Wir steigen ab. Sehr langsam. Und wir schauen noch einmal zurück.

An diesem Abend wußte ich nicht, daß meine Fäustlinge ein Hinweis sein würden, der Beweis für unsere Gipfelbesteigung. Ich wußte nur, daß große Leute alles bewiesen haben wollen. Felix und Peter haben meine Handschuhe einen Tag später gefunden – ein Stück Filz, mögen sie gedacht haben –, aber nicht eindeutig uns zuordnen wollen. Nur deshalb sollte es später Leute geben, die an unserer Gipfelbesteigung gezweifelt haben. Auch weil alle Bilder vom Gipfel verlorengingen! Wenn ich diesen Leuten heute sagen würde, der Beweis dafür, daß wir am Gipfel waren, besteht darin, daß wir uns die Hand gaben, daß wir uns auf die Schulter klopften und grinsten, daß wir beim Abstieg nochmals zurückschauten, würden sie immer noch die Schultern heben und Bilder verlangen …

Der Abstieg gelingt

Die Rinne am unteren Ende der oberen Mummery-Rippe ist erreicht, und sie ist nicht steil. Die Hauptschwierigkeiten sind überwunden. Ich steige jetzt zügig abwärts.

Es gilt nur noch, auf den Gletscherboden hinunterzukommen, bevor die Sonne in die Wand fällt. Günther ist über mir, ich weiß es, ohne mich nach ihm umsehen zu müssen. Beide gehen wir über harte Firnhänge abwärts. Die Steigeisen greifen gut, und alle Spalten liegen offen da. Also gibt es keine Probleme. Günther macht einen frischeren Eindruck als am Tag zuvor. Offensichtlich hat er sich ein wenig erholt. Wir haben es also geschafft! Trotz allem.

Wir hätten die Überschreitung des Nanga Parbat im voraus geplant, war später zu hören. Wie hätten wir den Abstieg sonst finden sollen? Ich wußte nicht, wie einfach die Lösung schier unmöglicher Problemstellungen hinterher erscheinen mag. Natürlich fragten sich viele, wie wir herunterkommen konnten ohne Plan? Aber nein, es hatte nie einen Plan gegeben.

Im großen Konkav zwischen Diamir- und Mazenowand gehen wir zwischen Eisabbrüchen talwärts. Jeder für sich. Einer taucht links unten, der andere höher oben rechts von einem Abbruch wieder auf. Jeder geht dort, wo es ihm einfacher erscheint. Ich warte zwischendurch. Ob Günther nachkommt?

Ich rufe ihm etwas zu, ohne zu wissen, ob er mich hört. »Wir müssen uns beeilen.« Und wenig später rufe ich noch: »Bevor die Sonne da ist, müssen wir unten sein.«

»Wegen der Lawinengefahr!«

»Gehn wir ganz unten rechts zwischen den Eisbrüchen durch?« fragt einer noch.

Das Eis dort ist ziemlich zerrissen.

»Ja, dort geht es am schnellsten.« Es scheint, daß man rechts zwischen den Gletschern gut ins Grüne kommen kann.

»An der ersten Quelle warten wir aufeinander«, sind meine letzten Anweisungen.

Überzeugt, daß mich Günther verstanden hat, steige ich jetzt schneller. Nur noch abwärts! Hinunter, ehe es zu spät ist. Hindernisse gibt es nicht mehr.

Wir steigen weiter ab, so, als ob nichts mehr passieren könne. Dabei sind wir völlig weggetreten, apathisch vor Erschöpfung.

Günther hat seinen Pickel in der Hand. Der Schnee unter seinen Schuhen ist hart gefroren, und seine Steigeisen sind locker. Er zögert, steht einen Augenblick lang da, als wisse er nicht, wohin. Dann folgt auch er dem Stalltrieb. Alles ist ruhig. Die Ruhe der ersten Morgenstunden. Oder ist es schon später Vormittag? Ich gehe nur noch, immer noch zwischen Eisabbrüchen abwärts. Günther kann den Weg nicht verfehlen, auch in keine Spalte fallen. Schon Mummery ist hier ohne Seil gegangen. Die Schwierigkeiten sind vorbei.

Wie eine Autobahn, denke ich und beginne über eine Lawinenrinne nach links abzusteigen. Intuitiv habe ich erfaßt, daß der weitere Abstieg über diesen Lawinenkegel weniger anstrengend ist. Auf dem toten Gletscher weiter rechts von mir, unmittelbar unter der Diamirwand, sind mehr Spalten. Darüber Eisabbrüche. Mein Weg scheint der bessere zu sein. Weiter rechts, dort, wo wir ursprünglich haben absteigen wollen, liegen viele Steine, über die ich stolpern müßte. Die erste ist jetzt die zweite Abstiegsoption.

Günther kommt nicht nach. Kein Grund zur Sorge. Ich weiß, daß ich ihn von meiner Position nicht sehen kann. Er muß jetzt am Plateau sein, denke ich, oder knapp davor. Zwischen uns beiden liegt eine Kuppe. Also ist kein Sichtkontakt möglich. Günther wird schon kommen. Ich bin mir dessen so sicher und gehe und denke nicht viel dabei. Dem Lawinenstrich, den ich gewählt habe, ist gut zu folgen.

Inzwischen ist die Sonne da. Ihr Licht füllt nach und nach den gesamten Kessel im obersten Diamirtal. Sofort wird es wärmer. Sonnenlicht streift jetzt die Hänge des Mazenokamms. Schon donnern die ersten Lawinen die Wände herab. Günther?! Der Gletscher beginnt zu fließen. Überall fließen kleine Rinnsale. Also hacke ich eine kleine Grube ins Eis, lege mich hin und trinke. Ohne Ende. Ich bin unersättlich.

Unendlich müde geworden, bleibe ich sitzen, raste und trinke. Es ist der vierte Tag ohne Schutz. Ohne daß wir getrunken haben. Ob Günther auch Gletscherwasser trinkt?

Immer wieder knie ich mich hin und trinke. Zwischendurch schaue ich zurück. Günther kommt nicht nach. Immer noch nicht.

Quellen

Zugunsten leichterer Lesbarkeit wurden Zitatverweise, die sich in einigen Originaltexten befinden, in den Auszügen weggelassen. Sollten Sie Stellen daraus zitieren wollen, greifen Sie bitte auf die im folgenden aufgeführten Originalbände zurück.

NACHDENKEN UND VERSTEHEN
– Philosophie, Politik, Religion –

Karl Popper: Alle Menschen sind Philosophen. Herausgegeben von Heidi Bohnet und Klaus Stadler. Piper, München 2002, S. 188–196, 20–22, 202–207.

Hannah Arendt: Denktagebuch. 1950–1973. Erster Band. Herausgegeben von Ursula Ludz und Ingeborg Nordmann. Piper, München 2002, S. 15–18, 37–39, 42–43, 46–48, 103–104, 125–127, 130.

Hans Küng: Erkämpfte Freiheit. Erinnerungen. Piper, München 2002; S. 51–57, 599–600.

UNTERSUCHEN UND DARSTELLEN
– Themen der Zeitgeschichte –

Brigitte Hamann: Winifred Wagner oder Hitlers Bayreuth. Piper, München 2002, S. 83–94.

Friedemann Bedürftig: Drittes Reich und Zweiter Weltkrieg. Das Lexikon. Piper, München 2002, S. 436–439, 473–474, 371.

Carl Schüddekopf: Im Kessel. Erzählen von Stalingrad. Piper, München 2002, S. 13–14, 29, 344–357.

– Probleme der Gegenwart –

Gilles Kepel: Das Schwarzbuch des Dschihad. Aufstieg und Niedergang des Islamismus. Aus dem Französischen von Bertold Galli, Reiner Pfleiderer und Thorsten Schmidt. Piper, München 2002, S. 25–35.

Gilles Kepel: Zwischen Kairo und Kabul. Eine Orient-Reise in Zeiten des Dschihad. Aus dem Französischen von Ursel Schäfer. Piper, München 2002, S. 33–34, 54–59, 60–61.

Jason Elliot: Unerwartetes Licht. Reisen durch Afghanistan. Aus dem Englischen von Anja Hansen-Schmidt. Piper, München 2002, S. 52–57, 65–72.

FORSCHEN UND ERKLÄREN

– Physik, Biologie, Medizin –

Richard Feynman: Sechs physikalische Fingerübungen. Aus dem Amerikanischen von Inge Leipold. Piper, München 2002, S. 97–102, 112–116.

Hubert Markl: Schöner neuer Mensch? Piper, München 2002, S. 40–48.

Kurt Langbein, Bert Ehgartner: Das Medizinkartell. Die sieben Todsünden der Gesundheitsindustrie. Piper, München 2002, S. 334–343.

Walter Krämer: Statistik für die Westentasche. Piper, München 2002, S. 7, 43–45, 48–49, 56–58, 69–71, 97–99, 107–108, 113–115.

ERLEBEN UND BERICHTEN
–Meere, Pflanzen, Berge –

Holger Afflerbach: Das entfesselte Meer. Die Geschichte des Atlantik. Piper, München 2001, S. 188, 190–195.

Knut Lindh: Wikinger. Die Entdecker Amerikas. Aus dem Norwegischen von Gabriele Haefs. Piper, München 2002, S. 7–10, 47–49, 83–86.

Kej Hielscher, Renate Hücking: Pflanzenjäger. In fernen Welten auf der Suche nach dem Paradies. Piper, München 2002, S. 7–8, 10–13, 75–82, 86–87, 91.

Reinhold Messner: Der Nackte Berg. Nanga Parbat-Bruder, Tod und Einsamkeit. Piper, München 2002, S. 11–14, 37–40, 199–201, 235–237.

Autoren

Holger Afflerbach, 1960 in Düsseldorf geboren, studierte Geschichte in Düsseldorf und Neapel. Er ist Privatdozent für Neuere und Neueste Geschichte in Düsseldorf und Mitarbeiter der Historischen Kommission bei der Bayerischen Akademie der Wissenschaften.

Hannah Arendt, 1906 in Hannover geboren, 1975 in New York gestorben. Studium der Philosophie und Theologie sowie des Altgriechischen, 1928 Promotion bei Karl Jaspers. 1933 Emigration nach Paris, 1941 nach New York. 1963 Professorin an der University of Chicago, ab 1967 an der New School for Social Research in New York.

Friedemann Bedürftig, 1940 in Breslau geboren, studierte Geschichte und Germanistik in Tübingen und arbeitete als Lexikonredakteur, Verlagslektor und Journalist. Lebt seit 1981 als freier Publizist in Hamburg.

Beil Ehgartner, 1962 geboren, ist Wissenschaftsjournalist, Dokumentarfilmer und Chefredakteur eines Internet-Gesundheitsportals.

Jaron Elliot, 1965 in England geboren. Er bereiste mehrere Male Afghanistan, zuletzt 1996, als die Taliban an die Macht kamen, und lebt als Schriftsteller in London.

Richard P. Feynman, 1918 in New York geboren, 1988 in Los Angeles gestorben. Nach dem Studium der Physik ab 1942 Mitarbeiter am »Manhattan Project« in Los Alamos, von 1945 bis 1950 Professor an der Cornell University in Ithaca (New York) und danach am California Institute of Technology in Pasadena. Erhielt 1965 den Nobelpreis für Physik.

Brigitte Hamann, in Essen geboren, studierte Geschichte und Germanistik und lebt heute als Historikerin in Wien. Sie hat zahlreiche Werke zur österreichischen Geschichte veröffentlicht, darunter das erfolgreiche Buch »Hitlers Wien«.

Kej Hielscher, in Meiningen geboren, gelernte Schauspielerin, war am Theater sowie bei Fernsehen und Hörfunk tätig und arbeitete journalistisch, bevor sie in London Garden-Design studierte. Mitbegründerin der Gesellschaft zur Förderung der Gartenkultur, Hamburg.

Renate Hücking, in Werdohl geboren, studierte Literaturwissenschaften in Frankfurt. Sie arbeitete als Fernsehjournalistin, schrieb für Zeitungen und Hörfunk und veröffentlichte mehrere Sachbücher. Arbeitet als freie Autorin und ist verantwortlich für die Zeitschrift der Gesellschaft zur Förderung der Gartenkultur, Hamburg.

Gilles Kepel, 1955 geboren, studierte Soziologie und Arabistik und lehrt als Professor für Politische Studien am Institut d'Etudes Politiques in Paris. Er lebte viele Jahre im Orient und gilt als einer der renommiertesten Islam-Forscher.

Walter Krämer, 1948 geboren, ist Professor für Wirtschafts- und Sozialstatistik an der Universität Dortmund und Autor vieler erfolgreicher Bücher.

Hans Küng, 1928 in Sursee (Schweiz) geboren, studierte Theologie und Philosophie in Rom und Paris. Er war von 1957 bis 1959 in der Seelsorge tätig und ab 1960 Professor für Ökumenische Theologie in Tübingen. 1996 Emeritierung, seit 1995 Präsident der »Stiftung Weltethos«.

Kurt Langbein, 1953 geboren, war Journalist beim ORF und bei Profil. Er ist Leiter eines Redaktionsbüros in Wien und Mitautor des erfolgreichen Buches »Bittere Pillen«.

Knut Lindh, 1951 in Oslo geboren, arbeitet als Journalist und Übersetzer. Er ist Redakteur der norwegischen Ausgabe von »National Geographic« und Autor mehrerer Sachbücher und Romane. Er lebt in Oslo.

Hubert Markl, 1938 in Regensburg geboren, studierte Biologie, Chemie und Geographie. Er lehrte an der Universität Frankfurt, war Professor der Zoologie in Darmstadt und ist seit 1974 Professor in Konstanz. Er war Präsident der Deutschen Forschungsgemeinschaft, der Berlin-Brandenburgischen Akademie der Wissenschaften und bis 2002 Präsident der Max-Planck-Gesellschaft.

Reinhold Messner, 1944 in Südtirol geboren, Bergbauer und EU-Parlamentarier, Grenzgänger und Autor vieler erfolgreicher Bücher. Hat 1970 den Nanga Parbat, seinen ersten Achttausender, bestiegen.

Karl Raimund Popper, 1902 in Wien geboren, 1994 in der Nähe von London gestorben. Emigrierte 1937, lehrte in Neuseeland und ab 1946 in London. Er war Professor für Logik und wissenschaftliche Methodenlehre an der London School of Economics und Mitglied zahlreicher wissenschaftlicher Akademien. 1965 wurde er von Königin Elizabeth II. in den Adelsstand erhoben.

Carl Schüddekopf, 1946 in Hamburg geboren, studierte Soziologie und Psychologie in Berlin. Er war Lektor und ist heute als Schriftsteller tätig.

Brigitte Hamann

Winifred Wagner oder Hitlers Bayreuth

688 Seiten mit 104 Abbildungen. Serie Piper

Bayreuth 1923: Erstmals besucht Hitler die Villa Wahnfried, Hort der Nationalen und Antisemiten – der Beginn einer lebenslangen Freundschaft zwischen Siegfried Wagners Frau »Winnie« und »Wolf«. Ab 1933 wird der Ort während der Festspiele zum Zentrum europäischer Politik. Winifred nutzt die Macht, die sie durch Hitler erhält, für die Festspiele, aber auch für Verfolgte des Regimes. Bis zu ihrem Tod 1980 verehrt sie ihren Freund »Wolf«. Aus vielen bisher unbekannten Quellen ist ein Buch voller Zündstoff entstanden, das erstmals in dieser Deutlichkeit die Beziehungen zwischen Hitler und der Familie Wagner offenlegt.

»Ihr wahrscheinlich interessantestes Buch. Die ideologische Anziehung zwischen Bayreuth und dem jungen Hitler hat sie überzeugend eingefangen.«
Frankfurter Allgemeine Zeitung

05/1496/01/L

Walter Krämer / Gerald Mackenthun

Die Panik-Macher

362 Seiten. Serie Piper

Wir sind ein Volk von Angsthasen, behaupten Walter Krämer und Gerald Mackenthun. Viel zu schnell lassen wir uns Angst einjagen, Angst um unsere Gesundheit, um die Jobs, um das Geld. Das wäre nicht so schlimm, wenn wir wenigstens Angst vor den wirklichen Gefahren hätten. Was uns fehlt, ist eine kühle Risiko-Abwägung: Leben ist ohne Risiko nicht möglich. Also sollten wir kalkulieren, was wirklich gefährlich ist – und was weniger. Der Statistiker Walter Krämer und der Wissenschaftsredakteur Gerald Mackenthun untersuchen die Katastrophenmeldungen der letzten Jahre, von Amalgam bis Zeckenplage, und klopfen sie daraufhin ab, was wirklich dahinter steckt. Ob wir ein Risiko für bedrohlich halten oder nicht, ist vor allem ein Wahrnehmungsproblem. Damit das anders wird, haben die beiden Autoren die »Krämer-Mackenthun-Risiko-Skala« entwickelt – damit auch wir lernen, ohne Panik zu leben.

05/1395/01/R